KB261762

커리어 리부트

커리어 리부트

아나운서와 기자, 홍보맨, 앵커, 책임연구원 35년

초 판 1쇄 2025년 06월 25일

지은이 최준묵
펴낸이 류종렬

펴낸곳 미다스북스
본부장 임종익
편집장 이다경, 김가영
디자인 임인영, 윤가희
책임진행 김은진, 이예나, 김요섭, 안채원, 이예준

등록 2001년 3월 21일 제2001-000040호
주소 서울시 마포구 양화로 133 서교타워 711호
전화 02) 322-7802~3
팩스 02) 6007-1845
블로그 http://blog.naver.com/midasbooks
전자주소 midasbooks@hanmail.net
페이스북 https://www.facebook.com/midasbooks425
인스타그램 https://www.instagram.com/midasbooks

© 최준묵, 미다스북스 2025, *Printed in Korea*.

ISBN 979-11-7355-294-6 03190

값 19,500원

아나운서와 기자, 홍보맨, 앵커, 책임연구원 35년

커리어 리부트

최준묵 지음

미다스북스

1장   얼굴에서
빛이 난다

2장   천상계에서
지상계로

나는 전북특별자치도 군산시에 있다. 2014년 10월부터 살았으니 11년을 넘기고 있다. 한국건설기계연구원 책임연구원으로 경영기획본부 소속이다. 올 초까지 경영지원실장을 맡았으나 정년 1년 6개월여를 남겨놓고 직위에서 내려왔다. 정년 60세로 내년 6월 말 퇴직한다. 연구소 주요 살림살이를 챙기며 각종 결재와 회의에 많은 시간을 내야 하기에 퇴직하기 전날까지 보직을 맡는다는 것은 인력운용 측면에서는 바람직하겠으나 한갓지게 직장생활을 마무리하고 싶은 나에게는 부담이기도 하다. 내려놓기는 했으나 그토록 많던 회의나 결재, 보고 등 업무가 사라지니 공백이 커졌다. 내가 아니어도, 대신할 누군가가 그 자리를 채워서 흔들림 없이 운영되는 연구소를 보며 조직에서의 역할과 시니어에게 지혜를 구하러 오는 방문객, 법인카드가 가져다주던 풍요로움의 공백 말이다. 조직의 생리가 그렇듯 비우면 채워지는 법이다. 그런데 한 달여쯤 지나면서 공백은 여백이 되고 새로움으로 채워지기 시작했다. 혼자만의 시간을 오롯이 누리며 인생 2막을 어떻게 준비할지, 이것저것 방법을 찾아보는 여유가 생겼다.

아나운서와 기자, 국내 최대 제약회사 홍보팀장에서 다시 프리랜서 뉴스 앵커, 그리고 정부 연구과제를 수행하는 연구소의 책임연구원까지 폭넓게 다양한 분야에서 일했다. 기자에서 홍보담당자로 옮기는 경우는 많다. 그리고 홍보에서 다시 프리랜서 앵커로 나왔다가 연구소라는 새로운 영역까지 더한 것이다. 이 같은 인생 경험과 노하우가 은퇴하면서 모두 쓸모없게 된다면 당사자뿐 아니라 사회 전체로도 아깝다는 생각이다. 1960~70년대 고도성장기에 태어나서 기업이나 자영업, 공직과 금융업, 언론, 학계 등 다양한 분야에서 일했던 고급 은퇴자를 정부 차원에서 활용할 수 있는 플랫폼이 있어야 한다. 어쩔 수 없는 마지막 선택지로 치킨집을 차리거나 택시 운전, 아파트 경비원으로 사는 것은 정답이 아니다. 은퇴 이후, Life 2.0은 생계를 위해 죽을만큼 고생했던 Life 1.0의 자산을 바탕으로 태양 아래 없던 새로운 것을 만들어야 한다.

이 책은 아나운서로 시작해 연구소에서 정년퇴직하기까지 35년간 일하면서 겪고 느꼈던 기록과 기억이다. 방송진행이나 언론홍보, 정부 산하의 연구소 등에 관심 갖고 있는 청년들에게 유용한 정보가 되기를 바란다. 또한 나와 같은 시대를 살아 온 동년배에게 추억을 불러일으기며 당시를 회상할 수 있었으면 한다.

특히 2004년 마지막 날, 졸지에 직장을 잃었던 그날을 선명히 기억한다. 그날 이후 iTV 사태에 대해서는 언젠가 꼭 기록으로 남겨야 한다고 생각했다. 20여년 해묵은 숙제를 풀었다. 다만 내 시선으로 바라보다 보니 중립적이지 못하거나 알지 못하는 다른 사연이 있을 수 있다.

영화 〈마션〉에서 화성에 혼자 남겨진 맷 데이먼은 선장의 디스코 음악에 불만을 터뜨린다. 굶어죽기 전, 음악 때문에 죽을 거라고 할 정도. 하지만 그도 음악에 맞춰 어깨를 들썩인다. 혼자 남겨 두고 떠나간 크루들을 원망하면서 고통 속에서 죽을 날을 기다리지 않았다. 최악의 상황이지만 살길을 찾으면 또 다른 문이 열리게 된다. 지금까지 살아 있는 건 잘 살았다는 것이다. 그것을 자산으로 정년퇴직 이후 Life2.0을 어떻게 그려나갈지 찾아보자.

35년간 동반자가 되어준 아내 조혜옥과 규백, 규호 두 아들에게 사랑한다는 말을 전한다. 그리고 책이 나오도록 기회를 주신 미다스북스 류종렬 대표님과 임종익 본부장님, 특히 세심하게 다듬어주신 김은진 팀장님께 깊이 감사드린다.

얼굴에서 빛이 난다

‖ 1 ‖

동안, 그건 나의 착각

"젊어서 예쁜 것은 예쁜 게 아니다. 마흔은 넘겨봐야 안다."

1966년생으로 쉰아홉 살이다. 그런데 생일이 빠르다 보니 학교 친구들은 65년생이다. 그들은 올해가 환갑이다. 그것을 빌미삼아 농담처럼 형님 소리 들으려 하는 치기어린 친구도 있다. 그러고 보면 나도 60인 셈이다. 나름대로 꾸준히 관리를 해오다 보니 외형적으로는 관리가 좀 됐다고 생각한다. 염색이 주기적으로 필요하지만 헤어스타일을 만들만큼의 머리카락 총량은 유지하고 있다. 단골 미용실 원장님이 "남자는 40대 이후부터는 머리숱 싸움"이라고 하던데, 머리숱이 있느냐 없느냐로 외모에 상당한 차이가 나는 것은 맞는 말이다. 여자 동창이 딸 결혼식 날 가발을 쓰고 들어 온 남편을 몰라봤다고 한다. 20대 젊은 시절부터 뉴스 진행자로 카메라 앞에 앉다 보니 자연스럽게 형성된, 이마를 드러낸 2대8의 스타일은 30년 넘게 고수하고 있다. 시도도 해봤으나 크게 바꾸기 쉽지 않다. 습관이란 것이 무섭다. 관 속에서도 특유의 헤어스타일로 누워있었던 엘비스 프레슬리처럼 나도 죽을 때까지 바뀌지 않을 것 같다. 지방방송국에는 코디네이터가 없어 도랑이라는 용품을 써서 스스로 분장을 한다. TV뉴스 프로그램이 토요일 아침에도 있었고 7년동안 일요일 하루만 빼고 매일 분장을 했다. 낮에 리포터로 촬영을 나가면 하루종일 피부에 나쁜 도랑을 바르고 지냈다. 화장독에 오른다는 얘기를 하던데 독이 오르는 건 아닌지 걱정될 정도였다. 그것이 피부 관리에 관심을 갖게 한 동기 같다. 분장을 지울 때 클렌징 크림으로 문지른 뒤 티슈로 닦아냈다. 아침저녁 두 번씩만 하던 세수를 방송이 끝나고 또 해야 했다. 아무 것도 바르지 않으면 얼굴이 당기고 건조해진다. 이러다 보니 화장품 가짓 수가 늘어났다. 남자가 햇볕차단제를 바르는 것이 드물던 시절, 아니 햇볕 차단제라는 존재 자체도 잘 모르던 시절, 그때부터 햇볕차단제를 바르고 눈가 주름을 방지하기 위해 크림을 발랐다. 주름이 보이지도 않던 때였다.

나이가 들어 동안이라는 소리를 들을 목적으로 그렇게 한게 아니다. 그때는 이렇게 나이 먹을 줄 몰랐다. 1960년대 미국의 전설적인 앵커맨 월터 크롱카이트가 신참인 피터 제닝스에게 "내가 분장으로 주름을 지우고 있을 때 당신은 주름을 그려 넣고 있다"라고 했다. 신뢰감이 생명인 뉴스 진행자로 세상 물정도 모를 것 같은 새파란 젊은이가 앉아 있으면 뉴스의 믿음이 생기겠냐며 했던 그의 조크다. 90년대 지상파 방송3사 시절, 엄기영이나 박성범, 맹형규처럼 중년의 앵커가 지배하던 시절의 얘기다. 더운물과 찬물을 번갈아 쓰면서 세안을 했고 여성들이 사용하는 화장솜에 스킨을 묻혀 얼굴을 닦아냈다. 피부 관리에 진심이다. 비립종이나 검은 점, 늙으면서 생기는 검버섯은 단골 피부과에서 레이저 시술로 제거한다. 얼굴의 경우 볼

앞면보다 얼굴의 옆면, 즉 구렛나루 아랫 부분에 특히 주의를 기울인다. 이 곳에 검붉은 착색이 나타나고 검버섯이 올라오면서 얼굴색이 전체적으로 탁해진다. 남자가 무슨 그렇게까지라고 생각할지도 모르겠다.

녹십자 신입 및 경력사원 공채에 합격해 연수원에서 이 주 동안 입소교육을 받았다. 다양한 연수 프로그램 가운데 하이라이트는 극기 훈련코스인 밤샘 등반이었다. 한숨도 자지 않고 밤새 산을 타는 것으로 팀워크도 다지고 팀별 경쟁을 통해 우수팀도 가리는 것이었다. 동기들은 나를 제외하고 대학을 갓 졸업한 2, 30대들이었다. 40대로 접어든 내가 걱정스러웠는지 프로그램을 운영하는 담당자가 나한테 귓속말로 괜찮겠냐고 물었다. 동기들 중에서도 걱정하는 목소리가 나왔다. 전혀 부담을 느끼지 않던 나도 내가 해낼 수 있을까 하고 걱정이 될 정도였다. 내가 처지거나 포기라도 하게 되면 팀 전체가 낙오자가 되는 것이었다. 벌써 동료들에게 짐이 되는 나이가 된 건가 싶었다. 관리하면서 아직 젊다고 자부했는데 순간 나의 착각이었다는 걸 깨달았다. 젊은 그들에게 나는 중년의 아저씨였다.

경력직 입사하면서 가장 걸림돌이 되는 게 나이다. 경력으로 사람을 뽑는 곳에서는 데게 나이부터 본 뒤 경력을 체크한다. 서류전형이 통과돼서 면접을 볼 때 그들이 가장 먼저 살피는 부분이 겉모습일 것이다. 이왕이면 젊어 보이면 좋지 않겠는가. 노화가 시작되는 30대 중반부터 관리해야 한다. 40대부터 시작한다면 늦을 것이다. 동안을 유지하는 사람들이 TV에 소개되는데 대부분 남들보다 관리 전반에 정성을 많이 들인다는 공통점이 있었다. 꾸준한 관리를 통한 젊음 유지가 제일 보기 좋은 것이다. 인위적인 것은 한계가 있다. 보톡스나 끌어당김 시술로 주름을 없애지만 시간이 흐르면 원상태로 돌아오거나 부자연스러워 보이기도 한다. 관리를 잘해서 젊어 보이는 것이 제일 보기 좋다.

나는 전체적으로 밝은 피부 톤을 가졌다. 지금도 피부가 좋다는 말을 듣는 편이다. 마사지 센터를 다니면서 관리를 받는 것으로 미뤄 짐작하기도 한다. 아직 가본 적은 없다. 프리랜서를 했기에 얼굴과 목소리를 포함한 내 몸이 재산이라는 걸 익히 안다. 가장 중요한 자산이라는 것을 인지하고 있다. 내가 지닌 경험과 지식으로 회사를 운영하고 있는 것이다. 1인 창조기업인데 그러기 위해서 좋은 외모와 건강 유지를 위해 시간과 예산을 투자해야 한다.

군대에서 자대배치를 받고 도착해 직업군인인 중사와 상사를 대면했다. 처음 보자마자 자기 나이가 어떻게 되는지 맞춰보라며 신참 이등병을 테스트하기 시작했다. 사람의 얼굴만 보고 나이를 판단하기에 나는 아직 사람을 볼 줄 몰랐고 사회생활의 요령도 없었다. 검게 그을린 얼굴에 짧은 머리, 웃을 때 주름살이 많이 생기는 것이 적어도 쉰 살은 돼 보였다. 그러나 그보다는 적을 것 같아 마흔다섯살로 보인다고 자신있게 대답했다. 내 군 생활은 고달팠다. 그의 나이는 고작 30대 후반이었다.

그럼 어째서 그렇게 나이 들어 보이는 것일까. 농부들의 얼굴은 검게 탄 얼굴에 깊은 주름으로 나이를 판단하기 곤란할 정도다. 햇볕에 많이 노출되면서 노안(老顏)이 된 것이다. 군인들 역시 노안이 많은 이유 중 하나가 자외선 탓이다. 자외선 차단제가 필요한 이유다. 화장품도 중요하지만 역시 제일 핵심은 건강한 몸을 유지하는 것이다. 오장육부가 튼튼해야 얼굴 색도 밝아지고 좋은 목소리도 유지될 수 있는 것이다. 녹십자에서 만든 태반제제

  커리어 리부트

가 이른바 강남 사모님들 사이에 입소문이 나면서 붐이 일었던 적 있다. 몸 안을 가꿔야 외모도 빛이 나는 원리다. 30대 때부터 집안에 트레드밀을 구 입해 매일 뛰었다. 1시간 정도 뛰기도 하고 걷기도 하는데 언제부턴가 지루 해지기 시작했다. 무릎에도 무리가 가는 것 같았다. 또 아파트다 보니 두꺼 운 충격 흡수재를 이중삼중으로 깔아도 저녁시간이나 휴일에는 층간 소음 이 날까봐 부담스러울 수밖에 없었다. 그래서 동네 한바퀴로 바꿨다.

군산에는 시내 한가운데 호수 공원이 있다. 집에서 가까운 곳이라 산책 겸 조깅을 하고 있는데 대략 1시간 코스에 6km다. 무리가 가지 않게 느린 달리기를 하지만 힘들면 걷는다. 나도 나이가 든 탓인지 걷는 구간이 길어 지고 있긴 하지만 트레드밀을 할 때보다 지루함은 없다. 턱걸이는 6년째 꾸준히 하고 있다. 턱걸이는 맨몸 운동으로 몸을 만들 수 있다는 기사를 보 게 된 것이 시작이었다. 나이가 들면서 근육량은 빠르게 줄어든다. 근력운 동을 안 하면 앙상한 양쪽 어깨 위에 재킷이 꺼벙하게 겉돌게 된다. 여름 에는 더 적나라하다. 반면 어깨와 가슴근육이 밑에서 받쳐주면 옷매무새 가 살아난다. 넓은 어깨와 날씬한 허리, 그리고 날씬한 하체 실루엣의 역삼 각형 라인이 완성되는 것이다. Suit Fit이 Stupid가 되어선 안 된다. 수드 는 38 레귤러 사이즈로 폴로 랄프로렌이나 브룩스브라더스를 좋아한다. 이 들 옷은 맞춤 수트처럼 핏이 좋다. 근무 복장이 자유롭기 때문에 수트를 입 지 않아도 된다. 하지만 이를 고집하는 것은 체형의 변화를 감지하고 제때 조절할 수 있기 때문이다. 배가 나와서 재킷의 단추를 채웠을 때 심하게 주 름이 지면서 압박감이 느껴지면 뱃살이 위험수준으로 가고 있다는 신호다. 그러면 식사량을 줄이면서 체중조절에 들어간다. 매일 저녁 조깅 코스에서 걷기보다 달리는 구간이 길어진다. 작년에 입었던 여름 수트를 6개월만에 꺼내 입으면서 팬츠 허리둘레가 잘 맞는지 체크해 본다. 이렇듯 수트를 입으면 내 몸의 변화를 쉽게 측정하고 판단할 수 있다. 편한 옷이라고 부르는 캐주얼 차림은 말 그대로 편한 옷이다. 편한 옷은 어깨가 앙상해지고 뱃살이 늘어나도 불편하지 않다.

수트를 고집하는 또 다른 이유는 나 자신에 대한 예우다. 나를 가치있게 만들어주는 최상의 옷을 복식에 맞춰 갖춰 입는 것은 직장에서의 예의이기도 하다. 지난 2월, 도널드 트럼프 미국 대통령과 볼로디미르 젤렌스키 우크라이나 대통령의 정상회담에서 다른 이슈도 아닌 사소해 보일 수 있는 옷차림이 싸움거리가 됐다. 단지 수트차림이 아니라는 것이 문제는 아니었을 것이지만 날씨만큼 가벼운 대화 소재가 옷차림인데 이건 가벼운 대화 수준을 넘어서서 외교문제로까지 번졌다. 나의 옷차림은 나에 대한 예우이고 상대에 대한 예의라는 것은 상식이다. 의관정제는 옷과 모자를 바르고 가지런하게 한다는 뜻이다. 옷차림을 단정하게 하는 것은 예의의 시작과 끝이다.

나이 든 사람은 누구나 자기가 동안(童顔)이라고 착각한다. 동안인지를 따질 때면 이미 동안이 아니다. 그래도 본인은 관리도 잘됐다고 여긴다. 그런데 미안하지만 혼자만의 착각이다. 아무리 탱탱한 얼굴 피부와 풍성한 머리숱을 지녔어도 60대가 50대 초반처럼 보일 수는 없다. 그런데 나의 아버지 세대 때와 지금을 비교하면 많으면 적어도 5년은 젊어 보이는 건 또 사실이다. 유튜브에 90년대 초, 회갑잔치 영상을 볼 수 있는데 가정용 캠코더가 보급되면서 소장해 둔 기록물인 듯 싶다. 화질은 선명하지 않고 한복

    커리어 리부트

이나 양복조차 당시 유행에도 뒤쳐져 보이긴 하지만 눈여겨 볼 것은 잔치의 주인공이다. 지금은 잘 쓰지 않는 단어인 노인이 거기 등장한다. 한복에 쪽진 머리, 깊은 주름의 얼굴로 말이다. 그런데 이분들이 지금 나와 비슷한 나이인 것이다. 1930년대 태어나신 분들이니 지금과 비교하는 것 자체가 성립이 안된다. 88서울올림픽을 치르고 풍요의 시대를 맞았던 1990년대, 대한민국 남성의 평균 수명은 67세였다. 비디오 화면 속 회갑연의 주인공은 자식들 부양을 받으며 손주들 재롱 속에 여생을 마무리했을 것이지만 지금은 100세 시대다. 60은 중년이다. 불과 40년 만에 많이 변했다.

어쨌든 건강한 육체와 깨끗한 얼굴은 운동선수나 연예인만의 자산이 아니다. 우리 모두 해당되는 것이다. 얼굴이 잘생기고 못생긴 차원이 아니라 평소 꾸준히 관리하였는지 여부가 수십 년 뒤 자신의 얼굴을 결정짓게 된다. 흔히 40세 이후의 얼굴은 태어난 것이 아닌 자신이 만든 것이라고 한다. 관상학까지 거론할 것은 아니지만 이제 얼굴과 음성, 눈을 마주치며 말하는 태도를 보면 심성과 가치관이 어떨지 읽혀진다. 얼굴과 언어 태도는 금방 드러난다. 감추거나 꾸미는 것이 쉽지 않다. 신체건강하고 맡은 바 직무를 능숙하게 해낼 수 있음에도 메인 직업서 퇴출된다는 것은 적이도 20년 이상 살아가야 하는 당사자나 가족에게는 막막하고 답답한 것이다. 평균수명 80인 시대다. 1,900만 베이비부머의 은퇴가 우리 경제에 미치는 부정적 영향 뿐 아니라 국민연금 기금 고갈 문제도 결부되면서 정년 연장이나 정년제 자체를 폐지하자는 주장도 있다. 아직 논의의 단계에 머물러 있는 점은 아쉬운 대목이다.

‖ 2 ‖

과감함과 무모함

"토요일 오후까지 근무하는 탓에 아나운서 시험장인 원주MBC까지 가려면 무슨 수를 내야만 했다."

불금이다! 불타는 금요일 밤이다. SNS에 올린 사진으로 친구들과 불타는 시간을 즐기고 있을 후배가 눈에 보이는 듯하다. 그러나 우리 세대에게 불금은 오래된 풍경이 아니다. 30여 년 전 직장생활을 시작할 때만 해도 대한민국 직장인은 토요일 오후까지 일했다. 나 역시 그랬다. 대학 4학년 때였던 1990년 겨울, 서울 종로구 수송동에 있던 조그마한 무역회사에 입사해서 토요일에도 김포 국제공항을 오가며 통관서류를 챙기는 바쁜 직장 초년병 시절이었다. 사장을 포함해서 전체 직원이 8명이었던, 작은 수입 오퍼상이었다. 영문의 신용장과 회사가 주로 수입하는 독일제 수전금구(샤워기를 포함한 금속제품) 제품의 사양 등을 익히며 정신없이 보내던 어느 날, 원주MBC에서 아나운서를 공개 채용한다는 소식을 듣게 되었다. 마감 직전 정보를 얻은 탓에 부랴부랴 제출할 서류를 챙겨 원주에 있던 후배를 통해 대신 접수했는데 문제가 생겼다. 시험일이 토요일 오후였던 것이었다. 당장 이번 주 시험을 보러 가긴 해야겠는데 토요일 오후 4시까지 근무하는 탓에 원주까지 가려면 무슨 수를 내야만 했다. 적당한 핑계를 대서 조퇴를 하면 될 일이었지만 일은 산더미처럼 쌓여 있었고 입사한 지 서너 달밖에 안 된 막내인 탓에 조퇴라는 말을 꺼내기조차 불가능한 상황이었다. 속으로만 끙끙대다가 마침내 시험일이 닥치고 말았다.

"최준묵씨 식사하러 가자!"

"아…. 부장님 저 약속이 있는데요, 먼저 다녀오세요."

부장이 직원들과 식사하러 내려가자마자 나도 서둘러 재킷을 챙겨 입고 밖으로 나왔다. 식당으로 가는 대신 전철을 타고 청량리역으로 향했다. 무단 조퇴였다. 회사에서 잘릴 것을 각오하고 아무 보고도 없이 나와버린 것이다. 휴대전화는 없었고 삐삐라고 불리던 무선호출기도 흔치 않던 시절이었다. 회사에서는 점심식사하러 나간 말단 신입직원이 아무 연락도 없이 그냥 사라져버린 황당함에 어이없었을 것이다. 토요일에는 필기와 1차 실기가 치러졌다. 국어, 영어, 상식 3과목의 필기시험과 스트레이트 뉴스와 나레이션물 두 개의 원고를 카메라 앞에서 읽는 1차 실기시험 순서로 신행됐다. 대략 100여 명이 모여 있었다. 자기 순서를 기다리며 공개홀에 앉아 있자니 남자 1명, 여자 1명씩 단 두 명을 선발한다는 얘기를 들었다. 2등도 아무 소용없었고 오직 1등만 살아남는 것이었다. 바늘구멍이 따로 없었다. 주위를 둘러보았다. 아나운서 시험을 보러 올 정도면 지금이나 그때나 다들 자신의 외모에는 어느 정도 자신이 있었으리라. 다들 나보다 키도 크고 잘생겨 보였다. 그러나 정신을 가다듬고 침착해지려 노력했다.

'잘 할 수 있어!'

눈을 크게 뜨고 심호흡도 하면서 긴장 속에 뛰는 가슴을 진정시켰다. 1차 합격자는 시험 당일인 토요일 저녁에 발표되었다. 다들 집에도 돌아가지 못한 채 곧 나올 결과를 초조하게 기다리고 있었다. 갓 결혼한 신혼이었던 나는 아내와 함께 방송국 앞에 있던 칼국수 집에서 맛을 느낄 겨를도 없이 저녁을 때웠다. 발표시간이 되어 방송국 언덕을 올랐다. 올라가던 그 발길이 얼마나 무거웠던지, 회사에서 무단으로 뛰쳐나왔던 오전 상황이 겹치면서 그 사실을 알지 못하는 아내 얼굴보기가 정말 힘들었다.

'여기서 떨어지면 돌아갈 회사도 없고 어떻게 얘기를 해야 한단 말인가!'

회사 현관 입구에 1차 합격자 명단이 붙어 있었다. 남녀 모두 10명씩이었는데 내 이름이 있었다. 기쁨의 순간도 잠시, 다시 10대 1의 진짜 관문을 통과해야 하는 2차 시험이 다음날이었다. 2차 시험은 실기로만 진행됐다.

"엄기영 앵커자리를 무섭게 노리는 남자, 수험번호 1020번 최준묵입니다."

이 멘트는 아직 기억하고 있다. MBC 뉴스데스크는 엄기영 앵커가 맡고 있었다. 기자 출신이지만 그가 아나운서인지 기자인지 알지도 못한 채 실기시험 카메라 앞에서는 그렇게 말했다. 시험 감독관들이 기자와 아나운서조차 구분 못 하는 지원자가 왔다고 생각했을 것이다. 당시에는 그런 상세한 정보가 부족했던 시절이긴 했지만 말이다. 최종 합격자 발표는 다음날인 월요일이었다. 이튿날인 월요일 아침. 회기동 단칸방에서는 일단 출근하겠다고 집을 나섰다. 그러나 회사로 갈 용기는 나지 않았다. 무단 조퇴한 것에 대한 부담감 때문이었다. 지금 생각하면 아무 것도 아닌 것인데 사회경험이 부족했던 탓인지 얼굴 두껍게 다시 들어설 용기가 나지 않았다. 시간을 보내야 했는데 딱히 갈 데가 마땅치 않았다. 청량리역에 있는 동시상 영관으로 들어갔다. 제목도 기억나지 않고 영화 장면도 눈에 들어올 리 없었다. 초조하게 합격자 발표를 기다리며 시간을 죽이고 있었는데 하루가 정말 길었다. 조바심에 후배에게 전화를 걸어서 물어봤다. 오후 3시 원주 MBC 라디오뉴스를 통해 합격자를 발표한다고 했다. 그런데 서울에서는 원주권 뉴스를 들을 수 없었다. 내 이름이 불렸다는 것을 3시를 넘겨 확인했다. 길고도 길었던 주말 포함 사흘이 끝나는 순간이었고 어둡고 칙칙했던 동시상영관을 웃으며 걸어 나올 수 있었다. 참 무모하고 겁없는 도전이었다. 아나운서에 대한 아무런 지식도 없었고 지금처럼 아나운서 아카데미에서 교육을 받는 인프라가 갖춰진 시절도 아니었기 때문이다.

입사 동기: 방송 일은 저의 꿈이었고 저의 모든 것입니다.

10년 뒤의 자화상: 방송일에 빠져 있는 중견방송인의 모습이 그려집니다.
이 일을 사랑하기에 결코 늙지 않은 지금의 모습으로 활기찬 방송을 하고 있을 것입니다.

1991년 6월 원주문화노보 12호

물론 방송이 꿈이고 모든 것이라는 입사 동기는 얼떨결에 둘러댄 것이다. 10년 뒤 자화상을 묻는 질문에 뭐라 답할지 떠오르지 않았다. 25세였으니 10년 후라고 해봐야 35세로 한창 방송에 물이 오를 연차였다. 그러나 방송을 그때까지 할 수 있을까, 내가 이 바닥에서 그렇게 오래동안 버틸 수 있을까조차 의문이던 시기였다. 입사 축하의 인사를 받으며 일주일이 지나고 6개월의 고된 수습이 시작됐다. 어릴 때 재미있게 보았던 소림사 배경의 무술영화가 생각났다. 목숨을 걸고 여러 개의 관문을 지나야 진짜 고수가 되는 것처럼 수습이라는 6개월의 과정을 거쳐야 비로소 아나운서가 되는 것이었다. 아나운서 부장부터 바로 한 기수 위 선배까지 5명의 기라성(綺羅星) 같은 선배들이 나와 내 동기 아나운서의 일거수 일투족을 지켜보고 있었다. 기라성이 일본어인 번쩍인다는 뜻의 '기라'와 한자인 '성'을 붙여서 만든 조어다. '뛰어난'으로 바꿀 수 있지만 기라성이라는 단어가 주는 맛에는 미치지 못하는 것 같다. 뛰어난 것을 훨씬 넘어선 빼어난 정도, 하여튼 기라성이라는 말을 알아들으면 확실히 구세대가 맞다. 어묵이 아닌 오뎅처럼 말이다. 특히 방송하는 아나운서는 일본어나 한자어 대신 우리말로 최대한 바꿔 써야 했다. 야채가 익숙한데 채소라고 말해야 한다. 그런데 지금은 의식적으로 바꾸지 않는다. 고유의 단어가 주는 맛을 존중하고 싶다.

아침 출근부터 저녁 퇴근 때까지 하루 종일 뉴스원고를 읽고 녹음하기를 반복하는 지루하고 단조로운 견습생 생활이 시작됐다. 3M 테이프에 라디오 뉴스를 녹음한 뒤 방송이 없는 선배에게 찾아가 모니터링을 부탁하는 것의 무한반복이었다. 모니터링 결과는 참혹했다. 사람 좋은 선배는 처음부터 잘할 수 있는 것이 아니라면서 기운내라고 등을 토닥여줬지만 모두가 그렇게 정감있고 따뜻한 것은 아니었다. 특히 K선배의 모니터링은 눈물이 쏙 빠질 정도로 가혹했다. 발음이 샌다, 콧소리가 심하다, 혀 짧은 소리가 난다며 내가 가진 발음의 문제점을 조목조목 지적했다. 후배들 교육이 얼마나 혹독했던지 별명이 '쌍칼'로 불리었다. 2014년 말 모 라디오 방송사 방송본부장으로 재직중이었는데 그해 연말 원주mbc사우회 모임에서 만났

　　　　　　　　　　　　커리어 리부트

다. 여전히 칼을 품고 계신 듯 했다. 다른 선배들이 K선배의 칼날은 이미 다 무디어졌다며 놀리지만 20년이 훌쩍 지났어도 나는 여전히 그분 앞에 서면 신입사원 느낌이다. 지나고 나면 다 추억이 되고 웃음을 짓지만 당시 에는 살아남기 위해서 지독한 수련을 해야만 했고 야속하기까지 했다. 콧 소리가 난다는 지적 때문에 서너달 동안 매일 이비인후과를 찾아 코에 마 스크를 쓰고 치료를 받았다. 선천적으로 타고난 비염이었고 지금도 알레르 기성 비염으로 찬 공기나 에어컨 바람을 쐬면 재채기를 한다. 지금껏 고치 지 못한 고질병으로 쉽게 완치되기 어려운 체질상의 문제였는데 그때는 그 런 사실을 몰랐다. K선배의 무서운 질책에 나는 정말 아나운서 될 자격이 없는 사람인가라는 의문마저 들었다. 아나운서로 뽑혔다는 것은 성공이라 는 목표점을 향한 레이스의 출발선에 섰다는 것을 의미할 뿐, 그 자체가 완 주나 1등은 아니라는 사실을 깨달았다. 수습교육을 받는 6개월 내내 K선배 의 매서운 난도질이 계속되던 어느 날이었다.

"최준묵씨는 아나운서가 될 자격이 없는 것 같다."

K선배가 아나운서 교육을 끝내고 웃음기 하나 없는 심각한 얼굴로 진지 하게 입을 뗐다. 머리 속이 하얗게 됐다. 순간 아무 생각도 들지 않았고 잠 시 뒤 이제 이대로 그만둬야 하는 것인가 하는 생각에 고개를 떨구었다. 이 길이 아닌가?

아나운서란 무엇인가?

말과 얼굴, 머리와 건강 이렇게 4가지 요소를 갖추어야 훌륭한 아나운서 가 될 수 있다고 MBC 본사 차인태 아나운서 실장이 강조했다. 즉 말할 때 는 순화된 방송언어를 쓰고, 외래어는 바르게 쓰되 남용하면 안되며 복장은 단정해야 한다. 단정한 복장은 곧 프로그램의 성격에 맞는 적절한 의복을 말한다. 얼굴의 분장은 단점을 보완하는 선에서 개성을 표출할 수 있어야 하고 머리는 신뢰감과 인간미를 줄 수 있는 충분한 교양과 건전한 가치관을 지녀야 하며 건강은 육체와 정신 모두 건강해야 할 것을 주문했다. 이것이 아나운서가 갖춰야 할 기본 덕목이었다. 곰곰이 생각해 보았다. 이런 여러 요건 가운데 나에게 부족한 것은 무엇인가? 준비가 안 된 상태에서 얼떨결에 아나운서가 됐으니 하나도 갖추지 못했던 것은 어찌보면 당연한 것이었다. 아나운서가 됐다는 자만심에 들떠 나만 내 자신을 직시하지 못했던 것이었다. 원석이 제대로 된 보석으로 탈바꿈하려면 아주 오랜 시간 깎고 다듬는 노력이 필요하다. 나 역시 많은 공정이 필요한 원석이었다. 수습의 6개월이란 시간은 원석을 깨고 다듬는 시간이었다. 원석을 쪼고 다듬는 행위는 전적으로 선배들의 몫이었고 어떤 선배를 만나느냐에 따라 아나운서 전체 커리어에 큰 영향을 미치게 된다. 기운 내라며 등을 토닥여줬던 인정 많은 선배는 당시에는 정말 고맙고 의지가 됐다. 그분들 아니었으면 중간에 포기하며 그만뒀을지도 모른다. 반면 나를 깊은 절망으로 떨어뜨렸던 K선배의 철저했던 기본기 교육이 오늘의 나를 있게 한 밑거름이 됐다는 점은 부인할 수 없는 사실이다. 그 선배의 혹독하리만치 탄탄한 기초교육이 없었다면 오늘의 나는 없었다고 단언할 수 있다. 당시에는 눈물을 쏙 뺄 만큼 원망스러웠지만 훗날 돌아보니 정말 감사하고 고마운 분이다. 후배에 대한 애정이나 관심이 없었다면 본인이 그렇게 욕을 먹어가면서까지 열성적으로 가르치지 않았을 것이다.

 커리어 리부트

입사 이듬해였던 1992년, 원주MBC 2층 편성국 아나운서부

‖ 3 ‖

말랑말랑한 건 취향이 아냐

"내가 기자가 되는 수밖에 없었다. 장관이나 국회의원과 만나서 인터뷰하고 싶었다."

어렵게 아나운서가 됐지만 아나운서로서의 재능이나 끼가 없었던 듯하다. 그러나 K선배의 매서운 지도 덕분에 도저히 안 될 것 같은 나도 서서히 아나운서 태가 잡혀가기 시작한 것은 다행이었다. 다행이라는 의미는 애초 아무런 목표나 야망도 없이 우연찮게 아나운서가 됐다가 재능도 없이 월급쟁이로 전락하지 않게 된 것이 다행이라는 것이다. 영문학을 전공했지만 무엇이 되고 싶다라는 꿈이 없었다. 막연히 사무직인 회사원이 되겠지라는 무개념, 무지성의 취준생이었다. 운좋게 아나운서가 돼서 숨겨진 재능을 발견하고 그 재능을 발전시키는 무대가 펼쳐지지 않았다면 지금쯤 무엇이 됐을까 싶다. 무섭게 모니터링을 하며 깊은 절망에 빠졌으나 퇴근 후에는 소주 한잔하며 다시 전투력을 향상시키는 당근과 채찍을 병행했다. 그렇게 혹독하고 길기만 했던 수습 6개월을 견뎌냈다. 그리고 드디어 첫 방송! 그러나 첫 방송은 딱 한마디!

"원주문화방송에서 정오를 알려드립니다. HLSB 원주문화방송입니다."

첫 방송을 앞두고 아침부터 그 짧은 두 마디를 연습하느라 혀가 꼬일 정도였다. 지금은 방송국 고지 콜사인을 녹음처리해서 자동으로 방송되지만 당시에는 모두 생방송으로 했다. 그러다 보니 시간 노이로제에 걸리게 됐다. 어디에서 무엇을 하든 정시가 가까워오면 부리나케 라디오 부스로 달려가야만 했다. 나와 동기였던 여자 아나운서가 번갈아가면서 콜사인을 담당했는데 시간에 매여 꼼짝할 수 없었다. 주말에는 당직을 섰는데 라디오 아침 뉴스는 단골 펑크 대상이었다. 알람을 맞춰놔도 속수무책인 경우가 많았다. 시말서는 늘 책상서랍에 넣고 다녔다. 어렵게 방송에서 입을 뗀 이후 차츰 방송프로그램이 주어지기 시작했다. 라디오 뉴스가 처음 맡게 되는 프로그램이다. 편성표에는 5분이지만 정확히 3분 40초 정도까지 기사를 읽고 곧이어 제공CM과 SB(Station Break)가 연결돼서 서울 본사와 릴레이가 되는 방식이었다. 방송에 나오는 내 목소리에 익숙해지기까지 오랜 시간이 걸린다. 녹음을 통해 들리는 내 목소리가 처음에는 낯설었다. 그러나 그게 진짜 내 목소리였다. 내 귀를 통해 들리는 목소리와 다르다. 그래서 아나운서나 기자가 방송에서 제일 첫 과제로 삼아야 하는 것이 바로 목소리의 적당한 톤 찾기다. 톤을 못 잡아 너무 높거나 반대로 낮거나 하면 내 목소리를 가질 수 없게 된다. 특히 라디오 음악프로그램에서 그런 실수를 많이 한다. 두툼한 헤드폰을 끼고 녹음부스에 혼자 앉아 있다 보면 자기 목소리에 심취해서 톤이 낮아지게 된다. 1970년대 이종환씨의 심야 음악프로그램 목소리 톤처럼 말이다.

남자라면 굵직한 자기의 목소리에 빠져서 점점 낮은 톤으로 깔게 되는데 그 톤이 어울리는 사람이 있고 아닌 경우도 있다. 목소리를 중저음으로 낸다고 모두가 다 듣기 좋은 소리는 아니다. 가장 좋은 목소리는 자기가 편하게 말하는 음계, 바로 그 높이의 목소리이다. 방송기자들이 흔히 하는 실수 가운데 하나가 현장에서 마이크를 잡고 멘트를 하는 경우다. 시끄러운 현장에서, 야외에서 멘트를 하다 보니 자연스럽게 목소리 톤이 평소보다 올라가게 된다. 그런데 취재를 마친 후 기사를 다 쓰고 녹음을 할 때면 목소리 톤은 차분하게 가라앉게 된다. 현장과 녹음실에서 목소리 톤이 차이가 나서 어쩔 수 없이 다시 목소리를 최대한 높여서 녹음을 하게 되는 일이 자주 있게 된다.

참고로 좋은 목소리는 우선 건강한 목소리여야 한다. 당연한 얘기지만 건강한 신체에서 건강한 목소리가 나온다. 또한 톤이 낮으면서 떨림이 없는 소리가 좋은 목소리이며 선천적으로 타고난 목소리가 제일 좋은 목소리다. 즉 꾸미지 않은 목소리여야 하는데 가성을 쓴다거나 예쁘게 들리게 하기 위해서 가식을 덧붙인다면 그것은 결코 아름다운 목소리가 아니다. 자신있고 당당하고 씩씩하게 내는 소리가 좋은 목소리의 조건이며 희노애락을 표현할 수 있는 여러 가지 음색을 갖추면 정말 좋다. 성대를 크게 많이 열어서 소리를 내는 광개음 연습을 하는게 도움이 되는데 성대를 크게 많이 열면 진동이 느려 낮으면서 굵은 소리가 난다. 이렇게 되면 소리가 부드러우면서 둥글고 힘이 있으면서 안정감을 주는 효과가 있다. 목소리 좋다는 것이 얼마나 큰 혜택인지는 굳이 더 말하지 않아도 잘 알 것이다. 좋은 목소리를 갖기 위해서 평소에 어떻게 연습하는 것이 좋을까 궁금해 할 것

　　　　　　　　　　　　　　　　　　　커리어 리부트

이다. 몇가지 연습 방법을 소개한다.

1. 시끄러운 술집에서 광개음 연습(뱃소리 내면서 크고 굵은 목소리 내기)
2. 야구장 등에서 큰 소리로 응원하기
3. 말싸움할 때 가늘고 고음 대신 의도적을 낮고 평탄한 소리를 내기

이렇듯 어려운 과정을 거치고 나니 서서히 내 이름과 얼굴이 알려지기 시작했다. 이른바 지역의 스타 아나운서가 된 것이었다. 라디오 뉴스부터 시작한 방송업무는 차츰 업무 분장이 늘어나면서 〈별이 빛나는 밤에〉 DJ, TV 뉴스캐스터, 리포터, TV매거진 프로그램의 MC 등으로 폭을 넓혀갔다. 그리고 사실상 처음으로 주어진 중요한 프로그램이 TV아침 뉴스였다.

아나운서가 모든 분야에서 뛰어날 수는 없는 것이다. 선택과 집중의 문제인데 자신의 적성에 맞는 분야를 빨리 찾아내서 그 분야에서 성공할 수 있도록 도와주는 것이 회사나 선배들의 몫이 아닐까 한다. 그래야 그 분야에서 본인의 실력을 인정받으며 몸값을 높여갈 수 있는 것이다. 당시만 해도 연공서열제 문화여서 후배가 결코 선배의 연봉을 능가할 수 없었다. 그러나 IMF 이후 이런 우리의 기업문화가 완전히 바뀌었다. 평생직장이라는 개념이 사라졌고 연봉제라는 생소한 제도도 도입됐다.

녹십자는 연봉계약직이라는 신분이었다. 물론 정규직이다. 그러나 매년 4월, 연봉에 대한 새로운 계약을 체결한다. 회사에서 제시하는 액수는 직원 대부분 거의 대동소이하다. 예를 들어 평균 5%의 임금인상이 이뤄졌다고 하면 대개 5%에 맞춰 연봉이 인상된 것을 제시하고 그 계약서에 사인을

하게 된다. 그러나 예외인 경우가 있다. 아주 많은 판매실적을 올린 영업사원의 경우는 달랐다. 회사 수익에 엄청난 이득을 챙겨 준 성과를 인정받아 평균 5%와는 차원이 다른 보상을 받는 것이다. 연공서열은 의미가 없는 것이다.

방송에서도 마찬가지다. 스스로 뛰어난 방송실력을 인정받게되면 몸값은 뛰어오르게 돼 있다. 나 역시 뉴스나 시사교양프로그램에서 진가를 발휘했다. 그러나 음악프로그램이 문제였다. 딱딱하기만 할 뿐 부드럽거나 유머러스하게 프로그램을 이끌어가지 못했다. 내가 들어봐도 어색했다. 음악과 DJ멘트가 따로 놀았다. 듣는 청취자는 얼마나 불편했을까 싶다. 그래도 꿋꿋하게 음악방송을 계속할 수 있었던 것은 인터넷이 없었기 때문일지도 모른다. 지금처럼 홈페이지와 SNS로 실시간 반응이 들어오는 시스템이었다면 아마 당장 프로그램에서 하차당하고 말았을 것이다. 당시에는 여학생들의 예쁘게 꾸민 엽서가 유일한 소통창구였다. 전화를 걸어오는 당찬 여학생은 없었다. 예쁜 엽서 전시회가 해마다 열렸고 그 행사를 준비하느라 일일이 엽서를 읽고 분류하고 정성껏 꾸민 것을 선별했다.

뉴스의 틀이 잡혀가면서 매일 아침 원주시민과 만나게 됐다. 2대 8로 단정히 빗어 넘긴 헤어스타일의 새 얼굴이 뉴스를 깔끔하게 전달하면서 원주MBC의 새로운 스타탄생이 예고된 것이었다. 그런데 남다른 출퇴근시간 때문에 이웃들로부터 엉뚱한 오해를 사기도 했다. 매일 새벽에 출근하고 오후 4시쯤 일찌감치 퇴근해서 집에 있으니 새벽에 나가는 것은 보지 못한 이웃들이 나를 매일 집에서 빈둥대는 실업자로 여긴 것이다. 멀쩡하게 생긴 젊은이가 매일 저렇게 뻔뻔한 얼굴로 집에서 빈둥거리며 놀고 있으니

　　　　　　　　　　　　　　　　　　　　커리어 리부트

그분들 속으로 얼마나 한심하게 여겼을까. 이웃들은 내가 TV 뉴스 진행자인 것을 단번에 알아보지 못했다. 이웃들의 눈썰미가 문제가 아니었다. 매일 아침 뉴스를 통해 얼굴을 알렸어도 이상하리만치 TV속 내 모습은 과장 좀 보태서 열 살은 더 들어 보였다. 25세 젊은이가 TV에서는 30대 중반으로 보였다. 화질이 문제였다. 동네 젊은 신랑을 이웃들이 알아보지 못할 정도로 화질이 엉망이었다. 똑같은 MBC 채널이지만 지역 MBC의 뉴스나 자체 프로그램, 심지어 광고마저도 화질은 서울MBC의 화질과 엄청난 차이를 보였다. 말 그대로 지방방송 티가 났다. 조명이 문제였을까? 카메라나 모든 장비도 서울과 같은데 왜 지방에서 송출되는 프로그램의 화질은 형편없을까 궁금했다. 보기 좋은 떡이 먹기도 좋다. 화질이 나쁘다 보니 아무리 프로그램의 질이 좋아도 이미 승부는 끝나 있었다. 서울MBC의 유능한 아나운서가 지방MBC에서 방송을 하면 똑같은 처지가 되고 말 것이다. 반대로 촌스럽다고 여기던 지방아나운서가 제대로 된 화질을 받는 서울에서 방송을 한다면 한결 다른 사람처럼 보여질 것이다. 당연한 얘기지만 어디에서 방송을 하느냐에 따라 방송인의 가치가 달라지는 것이다. 뉴스에서 승부를 보니 나버지는 쉽게 해결됐다. 즉 내가 가아 할 분야는 뉴스를 포함한 시사교양이라는 것이 분명해 진 것이다. 나의 이런 재능을 일찌감치 알아차린 선배 PD가 시사프로그램의 리포터로 나를 고정해서 지역의 인기프로그램으로 만들어냈다. 〈영서한마당〉라는 주간 편성프로그램의 코너물이었는데 방송 이후 지역의 늘 이슈거리가 됐다. 반대로 우리 프로그램에서 다루지 않으면 이슈도 이슈가 아닌 것이 될 정도였다. 나에게 큰 영향을 끼쳤던 프로그램이 문성근씨가 진행하는 〈그것이 알고 싶다〉였다. 그의 독특한 스탠딩 진행방식이 인상적이었고 좋은 교본이 되었다. 고칠 것 없는 정확한 발음도 좋았다. 나도 프로그램의 오프닝과 클로징멘트에서 흉내를 냈다. 시사프로그램의 매력에 빠져들게 한 프로그램이다. 서서히 얼굴이 알려지기 시작하면서 본의 아니게 민폐를 끼치기도 했다. 식당에서 식사를 하고 나면 누군가 먼저 계산을 하고 나가곤 했다. 당황스럽기도 했지만 나는 누구인지 몰라도 상대측에서는 나를 알아본다는 사실 자체가 부담스러웠다. 늘 행동에 조심해야 했으니 얼굴이 알려진 공인이라는 신분이 불편하다는 것을 처음 알게 되었다. 이때 이후로 공무원들이 자주 다니는 단골식당은 피해서 다녀야 했다. TV뉴스뿐 아니라 라디오에서도 제 몫을 해냈다. 그러나 음악프로그램의 DJ는 내 취향이 아니었다. 오랜시간 공들여 했음에도 멘트는 뉴스처럼 딱딱했고 곡목 소개조차 아주 드라이했다. 결국 취향과 맞지 않는 DJ 대신 시사프로그램 제작 및 진행자로 방향을 전환하기로 마음먹었다. 그러나 입사 5년 차, 갓 서른 살이었던 내가 베테랑 PD나 기자들이 만들던 생활정보 프로그램을 제작하겠다고 나섰을 때 처음 주위의 반응은 부정적이었다. 경험도 짧고 언제 못 하겠다고 두 손을 들고 나올지 모르기 때문이었다. 한번 시작한 프로그램은 청취자와의 약속으로 최소 6개월 정기개편 전까지 방송을 할 수 있어야 했다.

프로그램은 단순히 열정이나 열의만 갖고 시작하는 것이 아니다. 최소 6개월동안 '일용할 양식'을 머릿속에 갖고 있어야 덤벼들 수 있는 것이다. 섭외가능한 목표부터 시작해서 연출할 수 있는 범위의 큐시트를 만들어 제시했다. 어렵고 딱딱한 생활정보 프로그램을 만들려고 하지도 않았다. 쉽지만 시민들의 생활에 도움이 되는 꼭 필요한 정보를 제공하는 생활밀착형의 프로그램을 만들고자 했다. 장바구니 물가가 포함된 지역경제 소식과 구인구직정보, 매주 시의회 의원들을 불러내서 자기 지역구의 현안과 의정소식을 인터뷰로 담아냈다. 특히 당시 막 시작된 지방자치시대를 맞아 기초의회 의원들의 역할과 자질을 매주 한명씩 인터뷰 형식으로 검증하는 자리가 되기도 했다. 자질이 부족해 보이는 의원도 있었고 나중에 자치단체장까지 오른 의원도 있었다. KTV에 지방자치단체장이 출연하는 프로그램이 있는데 이때 같이 방송을 했었던 시의원이 어느덧 자치단체장이 돼서 출연한 적 있었다. 15년만에 조우였는데 무척 반가웠다.

강원일보 원주 주재기자를 고정 게스트로 섭외해 한 주간 지역에서 있었던 각종 사건사고를 일목요연하게 정리했다. 지금은 은퇴한 것으로 알고 있는데 대본에 없던 질문을 던져도 막힘없이 취재 뒷얘기까지 술술 풀어내는 입담이 좋은 신문기자였다. 현대인의 정신건강에 대한 의사들의 질의응답과 생활법률 상담, 그리고 물가정보까지 온갖 지역의 소식들을 매일 50분씩 전해주는 제목 그대로 생활중계실의 역할을 해냈다. 이 프로그램은 원주MBC를 떠날때까지 계속했고 내가 그만둔 뒤로도 한동안 후배 아나운서가 맡아서 명맥을 이어나갔던 프로그램이었다. 상당히 애착이 갔던 프로그램이었고 이 프로그램을 통해 인터뷰의 기법을 배울 수 있었다. 출연자의 말을 최대한 솔직하게 이끌어 내고 어떻게 질문을 던져야 하는지가 얼마나 중요한지를 이때부터 깨닫기 시작한 것이다.

'전문앵커 되기 힘드네요.'

원주MBC의 신선한 이미지 메이커 최준묵 아나운서.

라디오 프로인 생활중계실과 텔레비전 오전 뉴스프로인 뉴스투데이 강원, 영서한마당의 지방시대에서 늘 들어왔던 것 같은 친근한 목소리와 깔끔한 인상으로 원주지역의 팬을 확보하고 있는 전문앵커를 꿈꾸는 도전파이다. 그의 대표적인 프로그램은 매일 오후 6시 10분부터 50분간 진행되는 생활중계실. 지난 10월 9일 프로그램 개편과 함께 이 프로를 맡아 기획과 아이템 구성, 방송원고 등 몇 사람이 할 일을 도맡아 해내고 있다. 이 프로그램의 특징은 매주 시의원 1명씩을 초청, 지방자치시대를 맞아 주민의 대표로 나선 시의원들의 자신이 내건 공약을 제대로 이행하고 있는지를 점검하는 것. 또 지역의 이슈에 대해 PC통신을 통해 수집된 시민들의 의견을 소개하고 지난 한 주간의 지역의 주요뉴스를 소개하는 등 청취자들의 지역 소식에 대한 궁금증을 말끔히 씻어주는 프로로 벌써부터 많은 애청자를 확보하고 있다. 준수한 외모에 영어실력도 수준급. "욕심이 많아 그만큼 벽에 부닥치는 때가 많습니다. 하지만 주어진 현실에 안주하지 않고 엄정한 가치판단을 갖고 있는 앵커가 되는 것이 최대 목표입니다." 아침 뉴스 진행을 위해 오전 6시면 출근, 방송이 없는 시간에는 자신의 프로를 위한 자료 조사와 섭외, 아이템 기획 등으로 분주한 최아나운서에게 방송은 끊임없이 솟아나는 샘물 같은 존재로 다가서 있다.

1995년 11월 강원일보 인터뷰

〈생활중계실〉을 제작 진행하면서 인터뷰 요령과 기법은 점점 늘어만 갔다. 인터뷰를 매일 한다고 해서 자연스럽게 실력이 늘어나는 것은 결코 아니다. 원주MBC에 있던 어느 선배의 경우 꽤 오랫동안 라디오 의학 및 법률상담 프로그램을 진행하고 있었다. 청취자와 생방송으로 전화연결을 통해 궁금했던 질병이나 건강해지는 법, 생활 속의 법률에 대해 알아보는 시간이었는데 인터뷰 시작부터 끝날 때까지 거의 모든 인터뷰 질문이 천편일률적이었다. 전화연결된 청취자는 방송경험이 없는 상태였고 그러다 보니 말을 더듬거나 심지어는 전화가 도중에 끊어지는 경우도 비일비재했다. 이들의 긴장을 풀어주면서 방송사고가 일어나지 않게끔 편안하게 유도하려다 보니 어쩔 도리가 없었을지도 모른다. 그러나 한참 후배인 내가 봐도 이 선배는 당일 방송할 아이템에 대한 사전준비나 새로운 표현방식으로 질문을 던지기 위해 아무런 공부를 하지 않았다는 것이 너무도 뻔히 보였다. 음악프로그램 가운데 생방송으로 청취자 전화연결을 통해 신청곡과 함께 전화 인터뷰를 진행하는 프로그램이 많았다. 이때도 역시 인터뷰는 매번 똑같았다.

"네 어디에 누구시죠?"

"요즘 날씨 너무 덥잖아요. 더우시죠?"

"평소에 더위는 어떻게 이겨내시나요?"

"최근에 놀러 가 본 곳 가운데 최고로 시원했던 곳은?"

옆에서 애들이 웃거나 우는 소리가 들리면 질문도 그에 맞춰진다.

"결혼하신 지 얼마나 되셨어요?"

"남편이 평소에 맛있는 거 많이 사주시나요?"

"여름을 시원하게 나는데 최고의 음식이라면 어떤 음식을 추천해주시겠어요?

항상 묻는 말이 똑같았다. 생방송에 처음 연결돼서 긴장하고 떨리는 그들에게 어려운 질문을 할 수는 없을 것이다. 그러나 매일 똑같은 질문에는 듣는 청취자도 이를 모니터하는 후배에게도 참 난감한 일이었다. 조금씩 변화를 준다면 훨씬 새로운 방송처럼 느껴질 텐데 하는 아쉬움이 컸다. 내가 만일 진행했다면 어떻게 물어봤을까.

"네 성함은요?"

"날이 많이 무덥습니다. 더위를 어떻게 견디고 계시죠?"

"다녀본 피서지 가운데 이곳은 어떤 점에서 시원했다고 소개해주실만한 곳이 있을까요?"

선배가 질문하는 것과 작지만 큰 차이가 있다. 즉 뻔한 답변이 나오는 질문은 과감히 생략한다는 것이다. 즉 날씨가 무덥죠?라고 물어보는 것을 빼는 것이다. 인터뷰이가 이 질문에 뭐라고 답을 하겠는가.

"네 무척 덥네요."

만일 조금 더 덧붙여서 말을 한다면

"네 무척 덥네요. 너무 더워서 어젯밤엔 한잠도 못잤어요."일 것이다. 뻔한 질문은 하지 말아야 한다. 누구나 이렇게 물으면 그렇게 답변할 것이라는 질문은 방송에서 시간낭비일 뿐이다. 바로 더위를 이겨내는 본인만의 비법이 있다면 소개해 달라는 다음 질문으로 넘어가라는 것이다. 그럼 수준 높은 인터뷰는 어떻게 연습해야 가능할까? 앞의 예를 든 것은 매일 인터뷰 방송을 한다고 해서 결코 인터뷰기법이 늘어나지 않는다는 점을 강조하고 싶었던 것이다. 인터뷰에 관련한 여러 책도 많다. 인터뷰를 잘 하기 위해서 인터뷰 대가인 래리 킹이 쓴 책도 읽어봤으나 미국적 현실에 관련된 내용이 대부분이라 도움이 되지 않았다. 우리에게는 생소한 미국내

 커리어 리부트

정치와 외교 등 시사를 그대로 옮겨놨으니 도움이 되지 않았던 것이다. 이런 책을 인터뷰 기법이라며 광고해 책을 내는 것은 순진한 독자를 우롱하는 짓이다. 그래서 선택한 것이 시사월간지 구독이었다. 시사주간지와 월간지를 정기구독하면서 원주에서는 뉴스로 다루지 못하는 정치와 경제, 국제정치, 외교와 국방에 대한 상식의 폭도 넓히는 덤도 얻었다. '신동아'와 '뉴스메이커' 등을 정기구독했는데 눈여겨 본 것이 바로 고위직 관료나 정치인과의 인터뷰 기사였다. 내용도 중요했지만 나는 굵직한 글씨로 표시된 질문을 더 주의 깊게 읽었다. 인터뷰이(interviewee, 인터뷰에 응하는 사람)와 처음 만나서 만나자마자 어떤 예리하고 날카로운 질문으로 시작하는지, 그 답변 중에 나오는 석연치 않거나 궁금증이 완전히 해소되지 않은 부분에 대해서는 어떻게 정곡을 찌르며 추가질문을 던지는지를 유심히 읽었다. 아주 많은 도움이 됐다. 사실상 인터뷰 교과서나 다름없었다. 그러나 한 가지 불만도 있었다. 예를 들어 A장관과 인터뷰를 하는 경우 이를 진행하는 기자는 대개 A장관과 안면이 있는 기자라는 점이다. 오래 전부터 출입처나 취재 현장에서 그 장관을 잘 아는 기자를 붙여서 인터뷰를 진행하는 것이 대부분이었다. 아무런 일면식도 없는 상태에서 인터뷰를 하지 않았디는 것이다. 인터뷰이에 대한 언론사 차원의 예우일 수도 있겠으나 실제 방송에서는 처음 만나서 인터뷰를 진행하는 경우가 더 많다는 점이 월간지 인터뷰와는 다른 점이었다. 그럼 이런 문제점을 어떻게 극복해야 하는가? 결국 내가 기자가 되는 수밖에 없었다. 그래서 장관과 인터뷰도 하고 정치인과 직접 무릎을 맞대고 만나서 대본없는 인터뷰를 하고 싶었다.

아침 뉴스인 <MBC뉴스 굿모닝코리아 강원> 진행 당시.
(원주MBC 화면 캡처)

커리어 리부트

‖ 4 ‖

떠나기 위해 떠나다

"원주시 농촌지도소는 벼물바구미가 기승을 부리는 철을 맞아 이에 대한 철저한 방제대책을 세워줄 것을 각 농가에 당부했습니다."

91년 원주MBC에 입사했을 당시 서울방송이 개국한 직후였다. 대한민국 방송계가 큰 변화의 시기를 맞고 있었다. 당시 원주 MBC에서도 좋은 인력들이 새로 문을 연 중앙무대로 옮겨가는 중이었다.

SBS행으로 조합원 수 또 감소/ 우리 노조 조합원들의 서울방송행이 잇따르고 있다. 지난 5월 24일자로 기술국 A모, B모 조합원이 서울방송으로 자리를 옮김으로써 우리 노조 조합원 수는 60명에서 58명으로 줄었다.

1991년 원주문화노보 12호

사원들 사이에 스며들기 시작했던 패배주의적 분위기를 한참 지나서야 감지할 수 있었다. 젊고 유능하다고 생각되는 사원들이 서울방송으로 옮겨가고 있었다. 지역적 연고가 있거나 나이가 들었거나 혹은 서울방송행을 타진했다가 실패해서 남아 있는 사원들이 있었다. 나 역시 그들이 왜 떠나려 했는지를 곧 알게 되었다. 인구 20만의 소도시 원주에서 방송인으로, 언론인으로 살아가기에는 그릇이 좁았던 것이다. 나 역시 뉴스데스크에서 서울MBC에 별책부록처럼 로컬뉴스를 해야 하는 현실에 자괴감을 느끼게 됐다. 서울뉴스 후반부를 자르고 들어가는 것에 거부감을 갖게 된 것이다. 즉 전체 뉴스시간이 50분이라면 후반부 15분 정도를 지방에 할당해 주는 것인데 주요뉴스는 앞부분에서 다 나간 상태였고 뒷부분은 해외토픽이나 건강, 지역소식 등이 차지하고 있었다. 그 시간을 할애해서 지역소식을 전하는 것인데 서울권 뉴스 ON AIR 모니터를 곁눈질로 확인하면서 날씨가 나올 때까지 단신뉴스를 읽으면서 시간을 조절했다. 여성 앵커와 나란히 앉아 정시 시보와 함께 "시청자 여러분 안녕하십니까." 하고 인사말을 하고 싶었다. 멋모르고 아나운서가 됐지만 그 멋을 알게 되자마자 곧 한계를 깨닫기 시작한 것이다. 내가 다루는 뉴스 아이템에도 차츰 불만이 쌓여가기 시작했다. "원주시는~"으로 시작하는 뉴스가 대부분이었고 원주시청에서 나오는 뉴스가 가장 비중이 큰 뉴스였다. 원주시장이 단골 뉴스메이커였고 그 외 사소하다 싶을 정도의 뉴스들이 시간을 채우고 있었다.

당시는 PC가 보급되어 있지 않았던 시절이다. 기자들은 원고지에 플러스펜으로 기사를 썼다. 오탈자는 기본이고 문법에 맞지 않는 문장들도 있었다. 글씨를 정성껏 쓰는 기자가 있는가 하면 도저히 알 수 없는 악필도 있었다. 인명의 경우 틀리면 안 되는데 ㅁ인지 ㅂ인지 구분이 안 됐다. 방송시간이 임박해 급하게 갈겨쓰다 보면 글씨는 더 엉망이 됐으니 암호 해독 수준이

  커리어 리부트

었다. 오탈자가 발견되어서 담당기자에게 가져가면 수정을 해주고는 했는데 사소한 것까지 일일이 옆 사무실로 들고 가서 확인하는 과정이 번거로웠다.

"원주시 농촌지도소는 벼물바구미가 기승을 부리는 철을 맞아 이에 대한 철저한 방제대책을 세워줄 것을 각 농가에 당부했습니다."

나는 지금도 벼물바구미가 무엇인지 모른다. 하루에 서너 번씩 뉴스에서 읽었던 탓에 지금도 이 문장을 기억하고 있다. 또 계절별로, 월별로 작년에 했던 뉴스가 재탕되고 삼탕되어 올라왔다. 그럴 수밖에 없었던 것이 올해나 작년이나 재작년이나 특별히 달라질 것이 없었기 때문이다. 취재기자 선배들도 그러한 흐름을 꿰고 있었고 영상취재기자들 역시 확연히 달라질 게 없는 화면이 아니면 굳이 촬영을 나가지 않았다. 대형화재나 강력사건, 취재권역이었던 영동고속도로의 교통사고가 아니면 보도국 취재차량이 비상등을 켜고 급하게 이동하는 일이 없었다. 다만 겨울철이 시작되면 상황이 바뀌었다. 원주MBC 방송권역이 영월, 평창까지 담당하고 있었기 때문에 폭설소식을 전하기 위해 겨울만 되면 분주했다. 특히 지금은 강릉으로 가는 영동고속도로가 직선화되다시피 잘 조성돼 있지만 당시만 해도 아흔아홉 구비 구부러진 고갯길의 난코스였다. 사고도 많이 나는 악명 높은 도로였는데 대한민국에서 제일 먼저 눈이 내리는 곳이 대관령이었고 새벽이고 저녁이고 수시로 뉴스시간에 중계차를 연결했다. MBC본사 아침 뉴스 담당 PD에게 밤새 눈소식만큼 따끈따끈한 아이템도 없었다. 일단 소복이 쌓인 눈이 영상으로 좋았고 중계차 연결로 뉴스시간도 채울 수 있었다. 대관령이라해도 영서는 원주MBC에서, 영동권역 폭설 소식은 강릉MBC에서 담당했다. 그나마 1994년 8월 23일 원주MBC에서 중계차를 인수하면서 바빠진 것이다. 그 이전까지는 ENG로 찍은 리포팅 뉴스만 전국으로 송출되던 것에서 이제 진짜 방송국다운 방송국이 된 것이다.

사원들의 기대감 속에 거대한 중계차를 들여오긴 했으나 너무나 거대한 몸집인 탓에 기동성이 취약했다. 사건사고 현장에 재빨리 도착해야 했으나 그 덩치로 움직이는데는 시간이 걸렸고 신속한 보도라는 취재경쟁에서는 낙제점이었다. 더구나 대관령 눈길을 헤치고 올라가기에는 위험한 순간들이 많았고 여름 휴가철 상습정체구간을 빠져 나가는 데도 한계가 있었다. 물론 쓰임새도 많았다. 연중행사처럼 수해를 겪은 뒤 수재민돕기 모금생방송을 했는데 이때 중계차가 원주 시민들 앞에 위용을 드러내곤 했다. 지금도 이런 모금방송을 하고 있고 전국 연결하는 것을 보면 그때 생각이 난다. 서울MBC에서 방송을 시작하면 전국 계열사를 연결하는데 방송 시간에 맞춰 봉투를 든 시민들을 대기시켰다. 이런 중계가 있을 때 원주 시내 한복판에 중계차가 등장해서 시민들의 눈길을 끌었고 나는 그 한가운데서 마이크를 잡고 전국방송의 리포터를 했다. 지나는 시민들이 걸음을 멈추고 지켜봤지만 개의치 않았다. 친구 결혼식에 사회를 보기로 한 날, 모금방송이 겹쳐 펑크를 냈다. 당시에는 시민들의 돈을 걷는 모금방송이 잦았다. 거의 매년 연례행사였다. MBC의 경우 심장병 어린이 수술비를 지원하기 위한 '어린이에게 새생명을'이라는 프로그램이 대표적이다. 여름이면 태풍으로 인한 비 피해가 컸다. 그러면 수재의연금을 모으는 생방송을 긴급 편성했다. 서울MBC가 키스테이션(Key Station)이 되어 19개 지방사를 순차적으로 연결했다. 중계차를 시내 한가운데 설치하고 순서를 기다렸다. 원주권에만 나오다 전국 방송으로 내 얼굴이 나간다는 사실은 처음 방송에서 입을 뗐던 때보다 더 긴장되게 했다. 봉투를 든 시민들은 모금함에 넣지 않고 방송 연결까지 줄을 서서 대기했다. 화면 두 개가 갈라치기로 나눠져서 본사와 지방사의 진행자가 비춰지면 약간의 시차를 두고 오디오가 연결됐다. 본사에서는 국회의원을 비롯한 유명인사와 연예인이 나왔다. 그들과 잠시 인터뷰도 나눴다. 지방에서는 지역 유지를 동원했다. 물론 순수한 마음으로 자발적으로 참여하는 시민들도 많았다. 동기가 어디에 있든 민폐였다. 80년대 북한이 서울 올림픽을 방해하기 위해 금강산댐을 건설하는데 200억 톤의 물을 방류하면 서울이 물바다가 될 것이라던 충격적인 뉴스를 기억할 것이다. 거기에 대응하기 위해 만들었던 것이 평화의 댐이다. 총공사비가 1,700억 원이었는데 639억원을 국민성금으로 충당했다. 그때에도 방송이 동원됐다. 장성광업소가 있던 태백으로 원주MBC 전직원이 출동했다고 한다. 전국민이 연탄을 때던 시절이었고 광업소 월급날이면 동네 강아지도 만 원짜리 지폐를 입에 물고 다니던 황금기였다고 한다.

강원도 조그마한 중소도시에서 벌어지는 뉴스로서의 가치가 떨어지는 단신들이 많았고 원주시청이나 원주지방국토관리청, 기상청 등 관청에서 나오는 뉴스가 그나마 큰 뉴스에 속했디. 강원도청이 있는 춘천과는 사정이 또 달랐다. 강원도지사의 연초 원주 순시라도 있을라치면 보도국장, 편성국장 등 간부급을 중심으로 부산하게 움직였다. 도지사가 스튜디오를 찾는 날이면 초비상이었다. 청소부터 책상정리까지 손님맞을 준비로 전사원이 나서서 부산을 떨어야 했다. 그러나 정작 도지사의 스튜디오 초대석 MC는 아나운서가 아닌 보도국장의 몫이었다. 왜 평소에는 방송도 안 하시던 분이 도지사와 마주앉아 인터뷰를 하는지 내심 불만이었다. 보도국 기자와 편성국 아나운서와는 인터뷰이에 따라 급을 달리했다.

그러던 차에 원주권 국회의원이 스튜디오에 출연해 내가 진행하던 프로그램에 출연했다. 국회의원의 출연에 나는 전날부터 온 신경이 곤두선 채 걱정이 태산이었다. 사장을 비롯해 보도국장과 편성국장 등 간부들도 주조정실에 내려와 녹화를 모니터하고 있었다. 이런 상황이니 초년병에게는 더 떨릴 수밖에 없었다. 차라리 선배들에게 맡기고 나는 못하겠다고 말하고 싶었다. 출연자를 향해 어떻게 시선처리를 해야 하는지, 질문을 던질 때 최대한 예의를 갖춰 정중하게 물어봐야 하는지, 내 표정은 어떻게 짓고 있어야 하는지 등 머릿속이 복잡했다. 나중에 녹화된 것을 보니 가관이었다. 그러나 그것이 얼마나 볼썽 사나운 것인지는 그때는 몰랐다. 평소보다 더 과장되게 웃는 얼굴로 국회의원이 뭐라고 한마디 하면 추임새로 "네, 네 그렇군요." 하며 의미없는 고개 끄덕임이 남발되고 있었다. 최악의 대담 방송이었다. 이것이 내가 원주MBC아나운서로 재직하면서 만나 본 최고위층 인터뷰였다. 국회의원이 뭐길래 저 아나운서는 저렇게 안절부절할까. 분명 프로그램을 지켜본 시청자라면 그렇게 생각했을지도 모른다. 우물 안 개구리보다 못한 수준이었다.

"大道無門 千差有路

透得此關 乾坤獨步"

"큰 길에 들어가는 문은 없으나 그 문은 어느 길로도 통한다.

이 길을 잘 지나면 그는 천하를 홀로 걸으리라."

송나라 무문혜개(無門慧開) 『무문관』 중

 커리어 리부트

좁은 틀에서 벗어나고 싶었다. 위축되고 초라해지는 자신에 실망감이 커지고 있었다. 계속 안주하다 보면 대한민국 최고의 앵커 겸 저널리스트의 꿈은 실현 불가능한 것이 될 것이란 생각이 들었다. 뉴스다운 뉴스를 만들어내는 인터뷰가 하고 싶었다. 지방 중소도시의 기자가 아닌, 중앙의 기자가 되어야 했다. 그 결심에 대한 실천으로 새로 생기는 민영방송으로 옮겨가야 했고 청주나 울산이 아닌 전체 자체 편성을 하는 인천방송이어야 했다. 떠나기 위해 떠나는 사람처럼, 원주 문화방송이라는 직장을 그만둠과 동시에 아나운서라는 직업까지 그만두게 된다.

1992년 원주MBC 예쁜 엽서 전시회에 사용됐던
<별이 빛나는 밤에> 진행자 사진

‖ 5 ‖

경력 없는 경력기자

'공 없는 자가 상을 받으면 공 있는 자가 떠날 것이요, 악을 행한 자를 용서하면 선한 자가 해를 입을 것이다.'

입사 6년 차가 되면서 아나운서로서, 지역방송인으로서 빨리 원주를 벗어나야겠다는 생각만 머릿속을 가득 채우고 있었다. 암중모색을 하던 중, 결국 기회가 왔다. 기회는 준비하고 기다리는 자에게만 다가온다. 1996년 11월, 기다리던 2차 지역민방 사업자가 선정됐다는 소식이 들렸다. 인천에는 동양화학을 지배주주로 하는 인천방송이, 울산은 주리원백화점을 지배주주로 하는 울산방송이 선정됐다. 또 전주지역에는 세풍이 지배주주인 전주방송, 청주에는 뉴맥스가 지배주주인 청주방송이 각각 선정됐다. 이들 2차 지역민방은 우수 탈락자 흡수와 주주 추가 구성, 자본금 납입, 법인설립 등기를 1996년 말까지 마치고 1997년 상반기 중에 시설 및 장비확보, 연수의 단계를 거쳐 시험방송을 하게 된다고 발표됐다. 이들 2차 민방 가운데 가장 주목을 받았던 곳이 인천방송이다. 수도권에 위치해 있는 대도시이고 서울과는 방송권역이 겹치는 곳이었기 때문이다. 서울방송은 경쟁사 출현에 긴장할 수밖에 없었다. 제2의 민방으로 KBS, MBC, SBS에 이어 제4의 채널이 생기는 것으로 국민들의 기대를 모았다.

2차 지역민방 청사진
-인천방송편-

인천은 2차 지역민방 사업자 선정의 최고 격전지였다. 공개청문회를 비롯한 공보처의 심사가 진행되는 동안 방송가의 시선은 인천지역의 판세를 파악하는 데 쏠렸다. 그 이유는 물론 인천이 서울과 인접해 있는 지리적 특성 때문이다. 방송전문가들은 인천민방이 수도권 방송이라는 강점을 살려 공격적인 편성과 제작을 시도할 경우 장기적으로 기존의 SBS에 대항해 제2의 민방네트워크를 형성할 가능성도 있을 것으로 분석하고 있다.

1996년 언론보도 중

드디어 기회가 온 것이었다. 그러나 막상 원서에는 경력아나운서가 아닌 엉뚱하게도 경력기자 분야로 지원했다. 어떤 배짱으로 그런 선택을 했는지 잘 모르겠다. 스카웃 대상이 돼서 맘 편하게 옮겨가는 것도 아닌데 기사 한 줄 써보지 않았던 지방 아나운서가 4번째 지상파 방송으로 기대를 모으고 있던 신생 방송사 기자직에 응시한 것이다. 경력기자에 지원했다는 얘기를 친하게 지냈던 선배에게 털어놓자 "제정신이냐!"라는 당연한 반응이 돌아왔다. 떨어질 것이 뻔하다는 것이었다. 사실 지금 생각해봐도 경력직이면 그 분야에 최소 3년 이상의 경력이 있어야 하는 것이 상식이다. 해당 분야의 경력이 없는데도 지원하는 것은 어찌 보면 회사를 우습게 보는 것일 수도 있다. 자신감이 넘쳤던 것일까.

　사실 기자 경력이 없던 나를 iTV가 선택한 것은 메인뉴스 초대 앵커를 염두에 둔 것이 아니었을까 짐작해본다. 어느 방송사든 메인뉴스 앵커에 대한 상징성이 있는 것이고 더구나 신생사였다. 기존 방송사에서 유명 앵커를 스카웃해 오기에는 경제적 부담도 있었을 것이다. 그러나 신생 방송사 입장에서는 브랜드 제고를 위해 유명 앵커를 영입했어야 했다. 팬덤이 있기 때문에 화제성과 시청률 제고 차원에서라도 모셔와야 했지만 성공하지 못했던 것이다. 성공했다면 초반에 자리 잡는 데 시간이 많이 단축됐을 것이다. 인천의 신생 민방으로 자리를 옮길 기존 간판급 스타를 구하기 어려웠던 것 같다. 그런 것을 염두에 두고 회사에서 나를 뽑은 것이 아닌가 생각도 들었다. 비록 지방이긴 하지만 7년동안 뉴스를 진행했고 외모도 뉴스앵커로 쓰기에 적당하다고 판단했으리라. 나 역시 초대 메인앵커에 대한 욕심이 컸다. 개국을 준비하면서 어수선한 분위기 속에서 메인앵커 오디션을 치렀다. 나를 포함해 몇 명의 기자가 공개오디션에 도전했다. 입사 동기들은 나에게 힘을 실어줬지만 결과적으로 나는 인천방송의 초대 메인앵커가 되지 못했다. 실력이 뒷받침되지 못했기 때문이다. 오디오는 힘이 없고 발성 자체도 나약하고 자신감이 없었다. 강하고 자신 있게, 그리고 시원스럽게 앵커멘트를 읽어야 하는데 고운 목소리를 내려고 한 탓일까, 아니면 그 정도 톤이 내게 맞는 것이라는 자기 착각 탓이었을까, 목소리에 힘이 없었다. 지방 방송에서나 했음직한 여리고 맥 빠진 오디오 톤이었고 기자의 현장 리포팅 때처럼 힘 있고 자신 있는 오디오 톤을 경험해 보지 못했던 것이다. 기대만큼 실망이 컸다. 그런데 만일 아나운서 출신이 기자로 전직했음에도 현장 취재를 하지 않고 아나운서처럼 뉴스앵커를 했다면 결과는 어땠을까? 제대로 된 기자가 될 수 있었을까? 아니라고 본다. 내근부서에 앉아 아나운서 때와 달라진 것 없이 남들이 쓴 기사 앵커멘트나 읽으며 본질은 다시 아나운서의 틀을 벗어나지 못하고 있었을 것이다. 메인앵커가 되지 못한 것은 나에게는 결과적으로 다행이었다. 당시에도 잘된 일이라고 생각했다. 내게 필요한 것은 내게 없는 취재기자로서의 경력 쌓기였지 분장한 채 스튜디오에 앉아서 뉴스를 진행하는 아나운서가 아니었기 때문이었다. 또 앵커는 나중에라도 얼마든지 할 수 있었기 때문에 실망도 잠시였다. 초기 낙담을 뒤로 하고 출입처에 나가 취재활동을 시작하니 내 생각이 맞았다는 것을 알았다. 그렇게 기사 한 줄 써보지 못했던 7년 차 기자는 좌충우돌 취재현장에서 기사를 쓰고 리포팅을 하기 시작했다. 메인앵커 오디션에 떨어지는 것은 당시로서는 안타까웠다. 그러나 기자로 성장하는 기회를 잡을 수 없었을 것이다. 뼈아픈 실패가 나중에 훌륭한 밑거름이 돼서 내게 큰 자양분이 되기도 한다.

현실에의 안주냐, 험난하고 고생스럽지만 새로운 열린 세계로의 도전이냐? 사실 원주문화방송에서의 생활은 편하고 좋다. 풍족한 급여와 충분한 시간적 여유까지 있다. 인천, 삭막하고 여유없고 팽팽한 긴장감 속에서 24시간 전력 질주해야 버텨낼 수 있는 곳, 엄연히 오너가 존재하는 회사다. 기자로서의 새로운 세계로의 첫 발, 검증되지 않은 능력들.

1997년 3월 메모

　그렇게 큰 꿈을 안고 어렵게 옮겨간 회사였지만 인천방송 iTV는 지독히도 운이 없던 방송사이다. 우선 1997년 10월 개국하자마자 국가부도인 IMF를 맞았다. 방송을 시작하기도 전에 부도난 나라의 지역 민영방송사가 된 것이다. 광고 수주는 불가능한 상황이 됐다. 대기업은 물론 은행까지 도산했다. 모든 환경이 최악으로 치달았다.

　패러다임의 변화를 겪는 IMF시대에는 긍정적이며 밝은 습관을 가진 직장인이 살아남을 확률이 많다. 빈틈없이 일하는 습관, 운동으로 건강한 몸과 마음을 다지는 습관 등을 제대로 길들여 놓지 않으면 언제 실업의 위기에 놓일지도 모를 상황이다. 가장 중요한 것은 긍정적인 사고의 소유자들이 성공한다는 사실이다. 매일 아침 자기 자신에게 '오늘은 잘 거야' 혹은 '나는 잘 할 수 있다'는 식으로 자기최면을 거는 습관을 가지면 모든 일이 순조로이 진행될 확률이 높아진다.

1998년 1월 메모

　그러나 이듬해 3월이 되자 회사 상황은 갈수록 악화되어 갔다. 불과 10개월 전 민영방송으로 야심차게 출발했지만 IMF가 모든 것을 바꾸어 놓은 것이다. 우선 월급부터 절반 가까이 깎여나갔다. 월급이 줄었다고 불평하는 것은 배부른 소리였다. 회사를 다니고 있다는 사실에 안도해야 했다. 취재기자를 더 충원해서 인천 뿐 아니라 서울 중앙부처 출입처에 기자를 내보내야 했지만 충원은 커녕 있는 사람을 내보내야 했다. 실제 몇몇의 기자가 정리됐다. 상황은 심각했다. 내부상황이 이렇다 보니 중앙부처 뉴스에 대한 공백이 생기게 됐다. 오랜 논의와 진통 끝에 결국 YTN뉴스를 녹화해서 방송하기로 결정됐다. 방송사의 자존심은 지켜야 했기에 YTN기자의 스탠딩 멘트(리포트에서 기자가 현장에서 멘트하는 것)와 마지막 기자 이름은 편집해서 삭제했다. 어디에서도 볼 수 없었던 사상 초유의 뉴스 베껴쓰기가 시작된 것이다. 편집부 뉴스PD로 근무하면서 제일 중요한 일이 우리가 제작한 뉴스를 챙기는 것보다 YTN뉴스 녹화기 버튼을 누르는 것이었다. 새벽 4시부터 매시간 뉴스를 녹화한 뒤 편집기자에게 넘기면 문제가 되는 장면을 모니터해서 편집한 뒤 우리가 제작한 것처럼 방송에 내보냈다. 문제는 YTN뉴스의 앵커멘트와 단신을 모두 받아 적어야 하는 것이었다. 편집부 근무하는 동안 리포트 기사를 스트레이트 뉴스로 변환하는 작업을 오래하다 보니 제목만 보고도 쓸 수 있을 경지에 이르렀다. 문장의 길이가 긴 기사도 두세 개 문장으로 압축해 단신기사로 만들었다. 원문을 보고 그대로 옮기면 단신기사가 완성됐다. 아주 짧은 시간에 말이다. 그것도 뉴스 방송 시간을 앞두고 초를 다투며 매일 전쟁처럼 일상이 되다 보니 훌륭한 기사 작성법을 몸으로 익히는 아이러니한 상황이 벌어졌다.

두 번째는 방송권역이 문제였다. 서울에는 지역민방인 서울방송이 KBS, MBC에 이어 지상파 3대 매체로 자리를 잡고 있었다. 지역민방이었지만 1, 2차 민영방송사와 네트워크를 맺고 전국방송화 되어 있었다. 서울과 인접한 iTV는 서울방송의 컨텐츠를 제공받지 않고 100% 자체 제작해야 하는 구조였다. 그래서 네 번째 지상파가 될 것이라는 기대가 컸던 것이다. 그러나 한정된 광고시장을 놓고 새로운 경쟁자의 출현이 반가울 리 없는 기존 매체들의 견제가 시작됐다. iTV는 인천에서만 나오게 하라는 것이었다. 전파가 서울로 넘어와서는 안 된다는 것이었다. 전파를 쏘는 중계소 위치에 따른 허가 문제가 초미의 관심이 됐다. 방송위원회가 경기도 광교산 송신소는 허가했지만 인천 계양산 중계소는 허가를 내주지 않았다. 인천에서조차 제대로 시청하지 못했다. 2003년 초까지 인천에서 iTV를 시청할 수 있는 가구수가 전체 가구의 40%를 넘지 않았다. 서울방송이 개국 초기 〈모래시계〉 같은 대박 프로그램으로 전국방송화의 기틀을 다진 것처럼 전국민이 관심을 갖는 콘텐츠가 필요했다. 그래서 나온 카드가 LA다저스 박찬호가 등판하는 메이저리그 독점 생중계였다. 단번에 스테이션 이미지 제고에 큰 역할을 했다. 지역 케이블TV인 줄 알았던 인천시민들의 반응도 조금씩 달라졌다. 인천에 살지만 서울로 출퇴근하는 인구가 많았던 지리적 특성 탓에 지역에 대한 애착이 약했다. 지역발전에 큰 역할을 해 줄 민영방송이 생겼어도 부산이나 광주에 비해 관심과 애정이 적었던 것이다. 그러나 단발성 프로그램으로 올라서기에는 한계가 있었다. 오히려 이들의 견제가 더 심해졌다. 계양산 중계소 허가 추천마저 반려하면서 존폐 위기로 내몰렸다.

세 번째는 원팀의 조직이 되지 못한 것이다. 이 부분이 가장 뼈아픈 대목이다. 경력 공채로서 책임 있게 보도국을 이끌어가야 했지만 주요 고비마다 뒷짐을 진 채 방관했던 것이다. 원주MBC에서 근무할 때 연공서열이라는 것에 대해 불만이 있었다. 방송을 잘 하는데 왜 연차가 짧다는 이유로 선배들보다 적은 보수를 받아야 하냐는 당돌한 생각이었다. 그런데 IMF를 겪으며 연공서열이 무너졌다. 아직도 연공서열식의 연봉체계가 정해져 있는 회사가 있지만 대신 인센티브로 보상해 주는 곳도 많아졌다. 승진시기가 됐지만 차장 진급을 하지 못했다. 결정적인 이유는 오전방송 뉴스PD로 근무할 때 스태프 중 한명이 아침 뉴스 타이틀이 아닌 저녁 뉴스 타이틀을 플레이하는 대형 사고를 낸 것 때문이었다. 방송테잎을 정리하는 스태프의 실수였지만 방송사고의 모든 책임은 담당PD가 져야 한다는 원칙에 따라 사고 경위서를 썼다. 불만은 없다. 그것을 챙기지 못한 책임이 컸다. 아무튼 방송사고의 결과로 차장 진급에서 떨어졌다. 기대가 컸기에 실망도 컸다. 대신 사내 정치에 능했던 P기자가 승진을 했고 팀장 보직을 맡게 되었다. 나의 진급 탈락은 내 혼자만의 불운이었지만 연공서열을 고려하지 않은 승진 인사는 조직 전체에 나쁜 영향을 끼쳤다. 특종이나 회사 이름을 드높이는 등 모두가 수긍할 이유가 없었다. 승진 규모는 회사 방침에 따라 정해졌지만 누가 최종이 될지는 보도국 내부에서 정했다. 그 과정이 투명하고 공정해야 했지만 내 판단으로는 불합리했다. 신생사이다 보니 보도국에는 경력이나 나이대가 비슷한 경력기자들이 상당수 있었다. 두세 살 터울이었고 경력은 일률적으로 정하기 힘들었다. 방송 출신뿐 아니라 신문도 많았다. 신문도 중앙지와 지방지로 나뉘어졌고 지방지 출신은 경력 산정에서 가장 낮은 배점을 받았다. 경력 공채도 아니고 개국시점을 전후로 보도 인력 확충이라는 회사 방침에 따라 딘계적으로 한 두명씩 소개와 추천으로 충원됐다. 이들이 받았던 처우는 회사가 애초 제시했던 기준을 입사를 전제로 수용한 것이었기에 나중에 이의나 불만을 제기해서도 안 되고 할 수도 없는 입장이었다. 그러나 시간이 지날수록 조금씩 불평불만이 나오기 시작했다. 회사의 경력산정 기준은 명확했다. 예를 들어 지상파방송 출신은 100%로 모두 인정해 줬지만 중앙일간지는 90%, MBN 같은 케이블TV 출신은 80%, 지방일간지는 70%로 인정해 주는 식이다. 대부분의 회사가 그렇듯 한번 결정된 처우 수준은 큰 공적이 없는 한 바꾸기 어려운 게 현실이다. 이렇듯 자신의 경력이나 나이에 비해 상대적 불이익을 감수하며 근무하던 지방지 출신 기자들에게 P팀장의 승진이 반가울리 없었던 것이다. P팀장은 나이도 이들보다 서너살 어렸고 나이에 비해 호봉도 잘 받은 편이었다. 조직내에서 서로 부딪히지 않고 외면하고 지내면 됐지만 팀장과 팀원이라는 수직관계가 되면서 불편한 동거는 계속될 수밖에 없었다. 갈등이 표면화되지는 않았지만 속으로 곪아갔다. 보도국은 사분오열했다.

"공 없는 자가 상을 받으면 공 있는 자가 떠날 것이요,

악을 행한 자를 용서하면 선한 자가 해를 입을 것이다."

퇴계 이황

이렇듯 개국과 함께 닥친 IMF 등 여러 문제로 조직은 건강하지 못했고 이런 대내외적 악조건은 회사가 문닫는 데 일조했다.

취재를 하면서 위험한 순간을 겪기도 했다. 인천항에서 중국을 오가는 보따리상들에 의한 밀무역이 기승을 부린다는 내용의 제보를 받고 카메라기자와 함께 취재에 나섰다. 보따리상은 '다이공(代工·보따리상)'이라고도 불린다. 중국산 참기름과 고추 등 농산물이 이들의 주요 운반품목들이다. 1992년 한·중 수교 이후 민간무역의 첨병으로 외화벌이에 일익을 담당했던 다이공들이었다. 한때는 엄연히 민간무역의 첨병들이었다. 그러다 세관이 검색을 강화하면서 상황이 달라진 것이다. 1인당 80kg이던 휴대품 면세 허용 중량이 2000년 10월 50kg으로 줄었다. 더구나 농산물 품목 당 5kg 이

하인 통관기준을 한치의 오차도 없이 지키면서 사정을 봐줬던 핸드캐리어까지 검색이 강화됐다. 한마디로 비싼 뱃삯 들여서 중국을 오가며 물건을 들여와도 남는게 없다는 것이 그들의 하소연이었다. 이들은 대개 실직자나 노숙자, 조선족이나 '먹고 살기 위해' 나선 아주머니, 용돈이나 벌려는 노인 등 사회적 약자가 대부분이었다. 자신들을 밀수꾼으로 몰아간다며 언론에 대한 불만이 높았다. 사전에 인천항 측 관계자와 약속을 잡고 그들의 협조 속에 일사천리로 촬영과 인터뷰가 끝났다. 이제 정작 보따리상으로 불리는 상인들과의 인터뷰와 그들의 물건 속에 무엇이 들어 있는지를 열어보는 화면이 필요했다. 여객선 대합실에 방송사 카메라가 등장하자 처음에는 별다른 동요를 보이지 않던 백여 명의 상인들이 일순간 우리를 에워싸며 덤벼들기 시작했다. 아무런 질문이나 접촉도 없었는데 본능적으로 자신들에게 이롭지 못한 취재가 이뤄지는 것을 알아챈 것이다. 도망갈 곳도 없었다. 사방에 흥분한 상인들이 순식간에 취재팀을 둘러쌓고 카메라를 뺏기 시작했다. 카메라 기자와 오디오맨이 저항했지만 많은 수를 당해낼 수 없었고 결국 카메라를 바닥에 떨어뜨리고 말았다. 카메라가 박살났다. 다행히 인천항 여객선 관계자가 중간에 나서서 흥분한 상인들을 제지하긴 했지만 이미 카메라는 깨진 상태였다. 다친 사람은 없었지만 카메라 보상문제로 한동안 시끄러웠다.

이보다 더 아찔했던 순간이 대우자동차 부평공장의 취재였다. 요즘 젊은 이들은 대우자동차 하면 잘 모를지도 모르겠다. 대우에서 내놓은 르망의 인기는 1990년대 소나타와 견줄 정도였다. 대우자동차를 생산하는 공장이 인천 부평에 있었다. 그러나 2002년 초 대우자동차 부평공장에는 가혹한 정리해고의 칼바람이 불었다. IMF의 여파를 이기지 못하고 무너진 대우그룹의 주력 계열사였던 대우차도 그렇게 무너졌던 것이다.

대우차 노조원의 저항은 목숨을 건 수준이었다. 더 이상 내몰릴 곳 없이 막다른 골목에 몰려있던 노조원들의 파업이 연일 계속되고 있었다. 야근을 하던 어느 날, 경찰과 격렬하게 대치 중인 이들의 상황을 취재하라는 지시가 떨어졌다. 정문 앞 바리케이드를 치고 대치 중인 무장경찰 사이를 뚫고 공장 안으로 들어갔다. 어두운 공장 안에 노조원들이 수십 명씩 모여서 불을 쬐고 있었고 다른 한쪽에서는 백여 명의 조합원들이 줄을 맞춰 앉아서 투쟁가를 부르고 있었다. 그들의 시선이 갑자기 우리에게 쏠렸다. 촬영을 위해 오디오맨이 조명을 켰다. 순간 잘못됐구나 느꼈다. 쇠파이프를 들고 수십 명의 흥분한 노조원들이 "죽여. 저 XX들 뭐야, 죽여!"라고 소리치며 달려들었다. 쇠파이프를 땅바닥에 끌며 달려오는 소리에 여기서 '잘못되는구나' 라는 생각이 들었다. 그때 도망치면 안 되겠다는 생각이 들었다. 최대한 침착해야 살 수 있다는 생각이 들었다. 만일 자칫 여기서 뛰게 된다면 그들을 더 자극해서 최악의 상황까지 갈지도 모른다는 생각이 들었다. 그리고 도망갈 곳도 없었다. 누군가 쇠파이프를 먼저 휘두르기 시작한다면 사태는 걷잡을 수 없이 벌어질 것이다. 일촉즉발의 순간이었다. 그들은 이미 벼랑 끝으로 내몰린 채 더 이상 잃을 것이 없는 사람들이었다. 바로 그때 우리를 공장 안으로 안내했던 노조 집행부 한 명이 강력하게 제지를 하고 나섰다.

"흥분하면 안 됩니다. 이분들은 우리 입장을 반영하기 위해서 나온 취재진입니다."

　　　　　　　　　　　　　　　　　　커리어 리부트

[어디서 나온 거야? KBS야 MBC야?]

"이분들은 iTV에서 나왔어요."

[iTV?]

당시 다른 방송사에서는 노조원들의 절박한 상황에 대한 보도보다는 빠른 구조조정의 과정을 거쳐야 한국경제가 살아나는 데 보탬이 된다는 식으로 보도하는 곳이 많았다. 그나마 인천에 뿌리를 두고 있던, 인천사람들의 목소리를 대변하려고 노력했던 iTV의 보도에 그들의 딱한 사정이 묻히지 않고 퍼져나갈 수 있었다. 그제서야 험악했던 분위기는 다시 가라앉았고 무사히 취재를 마칠 수 있었다. 인천 최대의 사업장이었던 대우차의 폐쇄로 인천지역 경제 전체가 휘청거렸다.

취재차량에는 대개 4명이 한 팀이 돼서 움직인다. 운전기사와 오디오맨, 취재기자와 영상취재기자다. 아침에 취재를 위해 회사를 출발해 고속도로에 진입하려고 톨게이트에 들어서는 순간 버스의 측면을 강하게 들이받았다. 정신이 없었다. 조수석에 있던 오디오맨의 얼굴에는 작은 유리 파편이 박혔고 뒷자리에 앉아 있던 나는 앞으로 튕겨나갔다. 큰 사고였다. 차에서 간신히 내렸지만 어지럽고 정신이 없어서 도로 바닥에 누워버렸다. 다행히 2차 사고로 이어지지는 않았지만 도로 바닥에 누워 있던 것은 꽤나 위험한 행동이다. 병원으로 옮겨졌는데 오른쪽 손등 뼈 두 군데가 부러졌다. 한동안 운전도 못할 정도로 트라우마가 있었다.

총알택시처럼 취재차량을 모는 운전기사들이 많았다. 신속한 취재를 위해 갓길운전도 서슴지 않았고 차선을 넘나들며 이리저리 빠져나가는 것은 기본이고 신호를 무시하며 달리는 경우도 잦았다. 도로의 무법자처럼 다니다 보니 운전이 난폭했다. 그날 사고도 우리측 운전기사의 잘못이었는지는 확실치 않지만 이들의 운전이 일반인들의 운전보다는 거칠다는 것은 확실하다. 그런데 사실 이분들의 난폭운전은 취재기자의 독촉이 원인이었다. 원인은 놔두고 그들만 탓해서는 안 된다. 택시가 차선을 수시로 바꾸며 곡예운전하는 건 뒤따르는 운전자 입장에서는 정신 사나울 것이다. 욕을 하기도 한다. 정작 본인이 택시에 타면 빨리 가자고 성화다.

iTV기자 시절, 주말뉴스 앵커

　　　　　　　　　　　　　　　　　　　커리어 리부트

‖ 6 ‖

캐스터 아닌 리얼 앵커맨

"쉼없이 속보가 올라오고 있었고 테러에 의한 충돌로 밝혀졌다. 출입처에 나가 있던 기자들이 속속 기사를 보내오기 시작했다."

iTV 기자시절, 내가 제일 유능한 기자라는 확신 속에 살았다. 지금 생각해보니 큰 착각이었다. 그런데 그때는 기자 수 부족으로 메인앵커를 하면서 출입처에 나가 취재를 하고 리포트도 제작하는 1인2역을 했다. 유능한 것이라고 착각할 수밖에 없었다. 갑작스러운 대형사건 사고가 발생하면 뉴스속보 앵커로 생방송을 진행했다.

문화부 출입을 마치고 뉴스 편집부에서 뉴스PD를 하고 있을 때였다. 밤 10시 메인뉴스의 디렉팅을 마치고 집으로 돌아오니 자정쯤 됐을 때였다. 집 유선전화가 울렸다. 밤 늦은 시간에 걸려 오는 전화는 나쁜 뉴스일 확률이 크다. 아내가 통화를 하면서 TV 뉴스를 켰다. 뉴욕 쌍둥이빌딩이 무너지고 있었다. 9.11 테러가 발생한 것이다. CNN앵커는 "오 마이 갓, 오 마이 갓"을 연발하며 멘트를 이어가지 못했다. 처음에는 조종사의 실수로 인한

사고인 줄 알았다. 그것이 한 세기에 한 번 있을까 말까한 대형참사인 줄은
미처 몰랐다. 세계무역센터 건물 두 동이 흔적도 없이 사라져 버릴 줄 몰랐
다. 인천에서 다시 수원으로 돌아와 속보를 열긴 했지만 우리는 뉴욕특파
원이 있는 것도 아니어서 취재나 속보방송에 분명한 한계가 있을 수밖에
없었다. 모든 기자들에게 호출 비상이 걸렸다. 한밤중에 긴급호출을 받고
청와대부터 국방부, 기재부, 외교부, 각 정당 등 자신의 출입처로 속속 자
리하며 취재를 시작했다. 모두들 초유의 사태에 어떻게 해야 할지 몰라 당
황했다. 뉴스PD인 나도 속보는 열긴 했지만 무역센터 빌딩에 부딪히는 짧
은 몇 초의 화면 하나로 언제까지 생방송을 이어가야 할지 짐작할 수 없었
다. 한두 시간 하고 속보는 접겠지 했는데 상황은 속보가 계속 이어지면서
급변하고 있었다. 연합뉴스에서는 쉼 없이 속보가 올라오고 있었고 결국
테러에 의한 충돌이라는 믿을 수 없는 뉴스가 터지기 시작했다. 더 바빠졌
다. 이미 출입처에 나가 있는 기자들이 이와 관련한 기사들을 보내오기 시
작했다.

앵커가 소화하기에는 애드립이 많이 부족했다. 화면을 보면서 새로 들어
오는 소식들과 함께 즉흥적인 멘트가 계속 이어져야 하는데 그것이 잘 안
됐다. 상무께서 뉴스PD인 나보고 들어가 앵커를 맡으라고 했다. 어차피 세
시간 정도 방송을 했던 앵커를 교체해야 했다. 들어가 앵커석에 앉긴 했으
나 나 역시 같은 상황이었다. 무슨 말을 더해서 속보를 이끌어갈지 막막했
다. 일단 다시 한번 상황을 정리하면서 사건의 개요를 말하기 시작했다. 그
리고 이것이 테러리스트에 의한 자살충돌이라는 내용이 전해지고 있다며
가능성을 열어 놨다. 완전히 밝혀진 사실이 아니었기에 그럴 수도 있다는

              커리어 리부트

점을 언급한 것이다. 그리고 무역센터라는 건물이 어떤 곳인지, 그곳에 상주하는 인구는 15만 명 정도며 사고가 일어난 미국 현지 시각을 고려할 때 어느 정도의 인명피해가 우려되는지도 전했다. 그러나 팩트는 없었다. 테러리스트가 누구인지, 충돌한 비행기의 기종은 무엇인지, 사상자는 몇 명인지, 답답했다. 부시 미국 대통령을 비롯한 미국 정부의 공식적인 반응은 나오지 않은 상태였다. 그런 뉴스라도 나와 줘야 새로운 소식으로 전달될 텐데 아직 반응이 없다. 이제 우리 정부나 정치권의 움직임은 어떤지 살펴봐야 했다. 청와대에서도 분주하긴 마찬가지다. 긴급관계장관회의가 열렸으나 어떤 얘기들이 오갔는지 출입기자로부터 들어온 소식이 없다. 밤늦은 시간이라 시민들의 반응은 서울역대합실 TV 앞에 모인 시민들의 놀라는 표정으로 대신했다. 이런 내용들의 반복이었다. 해외주재 특파원이 왜 있어야 하는지를 뼈저리게 느끼는 순간이었다. 뉴스AD는 연합뉴스의 속보를 프린트해서 스튜디오로 전달했다. 속보는 제목만 있을 뿐 내용은 없었다. 앵커석에 수북이 쌓인 연합뉴스의 자료들을 주섬거리면서 같은 화면에 대한 설명을 계속 이어 나갔다. 대형참사 앞에 모두들 눈코 뜰 새 없이 밤새도록 속보방송을 했다.

전쟁 같은 방송을 한 지 5시간이 지났을까. 정규편성의 프로그램이 시작되면서 속보는 끝냈다. 귀에 꽂은 이어폰을 빼냈다. 뉴스PD였던 동료 기자가 "최준묵씨 아니었으면 속보 계속 못 했을 거야."라며 고마움을 표했다. 뉴스PD 입장에서는 앵커가 계속 리드를 해줘야 거기에 맞춰 화면을 커트하고 다음 순서도 준비할 수 있는 여유가 생기는 법이다. 만일 속보앵커가 다음에 뭘 해야 할지, 무슨 말을 하면서 다음 주제로 넘어가야 할지를 모른

채 PD의 지시에만 의존해 수동적으로 방송을 한다면 PD는 엄청난 부담감 때문에 고생을 한다. 뉴스PD는 현장을 총지휘해야 한다. 앵커는 물론 현장중계차와 큐시트, 입수되는 새로운 화면과 현장기자, 자막과 화면을 넘기는 모든 것을 지시하고 지휘해야 한다. 앵커가 이 혼란스러운 상황을 매끄럽게 이끌어 나가면 그에게 큰 흐름을 맡기면서 디렉팅이 한결 수월해질 수 있다. 믿고 맡길 수 있는 앵커가 있다는 것은 그래서 PD에게는 큰 축복이다. 앵커가 PD의 지시만 기다리며 다음에 뭘 해야 할지, 어떤 화면으로 넘겨서 무슨 말을 해야 할지 몰라서 헤맨다면 속보방송은 어려워진다. 그렇게 원활하고 물 흐르듯 속보방송을 매끄럽게 진행해 줘서 고맙다는 것이었다. 아무 재료도 없이 생방송 5시간을 끝냈다.

그러나 이것이 끝이 아니었다. 몇 달 뒤 이라크에 대한 선전포고와 함께 미국의 대테러 전쟁이 시작됐다. 그날도 역시 속보방송 앵커석에 앉아 길고도 긴 전쟁 실황을 생중계했다. 앵커에게 꼭 필요한 자질 가운데 하나가 임기응변이다. 그러나 그 임기응변이 상황에 대한 지식이 없으면 안 하느니 못하게 된다. 전혀 엉뚱한 얘기를 늘어놓을 수도 있기 때문이다. 그래서 앵커의 자질에 임기응변보다 선행되는 것이 뉴스에 대한 이해력이다. 현장 상황에 대한 경험이 전혀 없으면 그 분위기를 이해할 수 없는 것이다. 뉴스앵커는 보통 프롬프터를 보고 뉴스를 읽는다. 평상시 프롬프터를 보면서 정해진 큐시트대로 뉴스를 진행하는 것은 잘하느냐 못하느냐에 차이일 뿐입사 1년 차 기자라도 사고 없이 해낼 수 있다.

그러나 진짜 앵커의 진면목은 정해진 큐시트와 변변한 대본도 없이 진행해야 하는 속보방송에서 드러난다. 원고도 없고 앞으로 어떤 상황이 벌어

  커리어 리부트

질지도 예측할 수 없다. 태풍 등 자연재해가 닥쳐서 이와 관련한 속보를 한 다든지 나로호 발사와 같은, 앞으로 벌어질 상황을 예측할 수 없는 방송이 리얼 속보방송인 것이다. 나는 이런 속보방송의 앵커가 즐겁다. 그 혼란스 럽고 정신없는 상황에서 차분하게 시청자에게 뉴스를 전달하는 그 시간이 좋다. 속보의 경우 돌발상황이 많을 수밖에 없다. 미처 준비 안 된 현장 기 자를 불렀다가 오디오가 들리지 않아 다시 연결하는 장면은 많이 봤을 것 이다. 현장에 있는 PD의 사인이 맞지 않아 오디오가 물려 버리는(앵커의 말 과 기자의 말이 겹치는 사고) 등 방송사고도 빈번하다. 주조정실은 ENG테이프가 도착하지 않았다는 둥 CG화면이나 자막이 틀렸다는 둥 마치 시장바닥처럼 시끄럽다. 그 소리가 이어폰을 통해 고스란히 진행자에게 들린다. 이어폰 을 빼고 싶을 때도 많다. 이럴 때일수록 스튜디오에 앉아 있는 진행자는 어 떤 상황에 처하든 허둥대지 말고 담담하고 차분해야 한다. 단어 뜻 그대로 앵커로서 배가 흔들리거나 떠내려가지 않도록 중심을 단단히 잡아줘야 한 다. 심지어 조명 스탠드가 줄에 걸려 넘어지거나 의자가 뒤로 밀리는 등 예 상치 못한 상황이 벌어지기도 한다. 방송을 보는 시청자는 스튜디오 안에 서 어떤 난리가 났는지 알 수도 없고 관심도 없기 때문이다.

아나운서로 시작해 라디오 PD도 했고 기자로서 현장취재 경험도 풍부했 으며 제일 오랜 기간 메인앵커였다. 방송직의 모든 것을 다 해봤고 모든 분 야에서 다 경쟁력을 갖고 있었다. 아나운서든 라디오 PD든, 기자든 어느 역할을 맡겨도 해낼 수 있는 전천후 방송인이라는 자부심이 만든 허상이었 다. 그러나 당시에는 이런 경력이 흔치 않은 것이었고 내게는 여러 분야 가 운데 기자직이 제일 적합했다고 믿었다. iTV시절 모 선배가 그렇게 나에 대해 평가를 한 적이 있고 폐업 이후에는 모 후배로부터 다시 방송국이 개국하면 내가 제일 먼저 들어갈 것이라는 말도 들었다.

방송권역의 문제로 허가권을 갖고 있던 정보통신부는 우리의 주요 출입처였다. 메인뉴스 앵커를 하면서 정보통신부 출입기자를 맡았다. 2003년 4월, 방송위원회가 iTV가 신청한 인천 계양산 중계소 허가 추천을 반려하면서 양측의 갈등이 극한대립으로 치달았다. 거대 방송사들과 경쟁해야 하는데 우리의 손발을 묶어 놓는 것으로 우리에게는 생사가 걸린 중차대한 문제였다. 노조는 즉각 반발했다. 광화문 청사 앞에서 조합원 수십여 명이 시위를 벌였다. 조합원들이 고생하는 것을 보면서 출입기자인 나는 방송담당 국장과 과장을 찾아갔다. 마주 앉아 있는 자체가 서로 껄끄러울 수밖에 없었다. 그 같은 상황이 반년 넘게 매일 반복됐다. 출입기자였지만 취재를 위해 나가는 것이 아니었다. 기사는 거의 쓰지 않았다. 결국 그해 9월 방송위원회가 손을 들었다. 서울로의 전파 월경을 차단한다는 것을 전제로 조건부 계양산 디지털TV(DTV)중계소를 허가한 것이다. 회사는 일단 한숨 돌릴 수 있었다. 내가 어떤 기여를 한 것인지는 정확히 모른다. 그해 창립기념식에서 유공상을 받았다.

2004년 10월 창립기념식에서 받은 상패

방송기자로서 어떤 자리에 갖다 놔도 다 해낼 수 있다는 것은 내가 가진 가장 큰 장점이다. 그리고 정말 자신 있는 것, 그리고 잘 하는 것, 그것은 바로 뉴스 리딩이다. 기초를 잘 닦은 덕인지, 오래동안 뉴스리딩을 했어도 누구에게나 있는 특유의 어조가 거의 없는 편이고 기자 경력 덕에 뉴스의 이해도가 높아져 기사를 보면 한 눈에 어떤 내용인지 파악이 되며 그래서 어떤 강도(强度)로 읽어야 하는지, 앵커멘트에서 어떤 느낌을 살려서, 어떤 단어에 액센트를 줘야 하는지를 동물적 본능처럼 알 수 있다. 신참 아나운서들은 뉴스리딩을 할 때 단어 하나, 발음 하나 하나에 매달리다 전체 숲을 보지 못한다. 뉴스리딩을 하면서 그 뉴스내용이 무엇인지 이해를 못하고 실수없이 읽으려고 한다. 읽고 있다는 것이 확연히 드러난다. 뉴스리딩은 읽는 것이 아니다. 새로 들어 온 소식을 시청자에게 말해 주는 것이다. 기사내용을 완전히 파악해서 들려주는 것이고 전달해 주는 것이다. 기자에게 들은 새로운 뉴스를 시청자에게 들려주고 전달해 주는 것이다.

그러나 신참아나운서를 탓할 수는 없다. 그들은 기사의 내용을 이해하지 못하는 것이 많고 기사의 이해보다는 실수 없이 읽어내는 것에 급급하기 때문이다. 그들에게는 경륜과 경험이 없기 때문이다. 신참 아나운서는 약간의 색칠만 있는 도화지 같으면 좋을 것이다. 색칠을 다 해놓은 것은 더 이상 그려 넣을 공간이 없다. 완성된 그림을 평생 지니고 가야 하는데 그 그림이 아나운서아카데미에서 잘못 그려진 것이라면 어떻게 할 것인가. 새 도화지를 구하기는 아주 어렵다. 한번 자신의 스타일로 굳어진 잘못된 뉴스리딩의 형태는 바꾸기가 아주 어렵다는 뜻이다. 방송은 나의 전부였다. 다양한 직업의 여러 후보 가운데 하나로 선택해서 생계를 위해 다니는 평이하고 특별할 것 없는 방송기자가 아니었다. 뼛속까지 방송인이었다.

"자 왈, 아는 것은 좋아하는 것만 못하고 좋아하는 것은 즐기는 것만 못하다."
"子曰 知之者, 不如好之者, 好之者, 不如樂之者."

『논어』

기자나 아나운서나 방송을 꿈꾸는 많은 사람들이 하고 싶어하는 자리가 메인뉴스 앵커다. 할 수만 있다면 해보고 싶어하는 자리다. 그런데 우리나라에서는 앵커라는 말이 오남용되는 편이다. 나는 지금도 앵커라는 단어 자체를 신중하게 사용한다. 내 이름 뒤에도 앵커라는 말을 가급적 붙이지 않는다. 진정한 앵커의 조건은 현장에서 취재를 경험하고 데스크급의 연륜을 갖춘 기자로 뉴스에 대한 편집권까지 갖고 있어야 하기 때문이다. 그러나 편집권까지 갖고 있어야 한다는 조건은 현실적으로 맞지 않는 부분이기도 하다. 모든 언론사의 편집권은 편집국장, 혹은 보도국장이 갖고 있다. 그렇다면 앵커는 곧 보도국장까지 겸하고 있어야 한다는 것이다.

밤늦게 뉴스를 마치고 다음 날 오전 일찍부터 열리는 편집회의를 주재해야 한다는 것은 사실 쉽지 않은 일이다. 편집회의는 그날의 뉴스를 정하는 언론사의 제일 중요한 미팅이다. 그 업무를 하면서 메인뉴스의 앵커멘트를 손보며 밤늦게까지 일에 몰두한다는 것은 체력적으로 불가능하다고 본다. 그래서 앵커의 정의에 편집권은 빼야 하지 않을까 싶다. 뉴스의 편집권은 한마디로 첫 뉴스부터 마지막 단신뉴스까지 어떤 아이템을 어느 순서대로 할 것인가를 정하는 아주 중요한 권한이다. 이 권한은 보도국장이 갖고 있

 커리어 리부트

다. 신문으로 치면 1면 머릿기사를 뭐로 할 것인지부터 제목을 어떻게 정하는지까지 모든 과정을 총괄지휘하는 편집국장의 권한이다. 뉴스를 읽기만 하는 아나운서는 앵커가 아니고 뉴스캐스터라고 부르는 것이 맞다. 아나운서는 뉴스를 고치거나 기사를 첨삭할 권한이 없다. 뉴스 편집부에서 주는 원고를 그대로 전달만 할 뿐이다. 정치, 경제, 사회, 문화 등 각 출입처에 나가 있는 많은 기자들이 그날 하루 열심히 취재한 기사를 데스킹 과정을 거쳐 편집부로 보내면 편집팀장이 어떤 뉴스를 메인뉴스에 내보낼 것인가를 결정한다. 오전에 국장 주재 1차 편집회의가 열린다. 이 회의에는 각 부서 팀장들이 모두 참석한다. 여기서 그날 메인뉴스에 들어갈 아이템이 대략적으로 결정되고 각 데스크들은 일선 취재기자에게 오늘 메인에 들어가니 제작하라는 지시를 내린다. 뉴스는 말 그대로 언제 어디서 어떤 사건이 터질지 모른다. 오후에 대형사건이나 사고가 나면 오전에 했던 편집회의는 다시 원점으로 돌아간다. 오후에 열리는 2차 편집회의에서 새로운 아이템들이 올라오고 오전에 내려졌던 취재 건은 뒤로 밀리게 된다. 이미 취재를 시작한 상태기 때문에 메인뉴스에 못 들어가면 저녁 늦은 시간 마감뉴스나 다음 날 아침 뉴스로 밀리게 된다. 모든 기자들은 자신이 취재한 아이템이 메인뉴스에 들어가길 원한다. 부서 간, 기자들 간의 경쟁시스템인 것이다.

당일 취재한 모든 뉴스가 메인뉴스에 전부 소화되는 것은 아니다. 만일 자신의 리포트가 첫 꼭지로 보도가 되면 부서팀원들에게 커피 한 잔씩 돌리는 것이 관행이다. 수많은 기사 가운데 제일 중요한 기사를 취재해 그날의 헤드라인을 장식한 것이니 기분좋게 한턱 내는 것인데 특종인 경우도 있다. 정치부와 경제부, 사회부 등을 취재하던 중 2002년 3월 메인뉴스 앵커를 맡아보라는 국장의 제의가 들어왔다. 경력이 짧았고 나이도 30대였다. 이미 몇 달 전인 2001년 11월, 국장이 앵커를 해 볼 생각 없냐는 제의를 한 적이 있었다. 그때는 즉석에서 거절했었다. 당시 상황이 앵커를 맡을 여유가 없었던 탓이다. 다른 지역민방에서 스카우트 제의를 받고 고민하고 있던 때였다. 이미 한번 거절한 경험이 있기에 다시 앵커를 맡으라는 국장의 제의를 이번에는 거절할 수 없었다. 그러나 지역민영방송이라고 해도 메인뉴스 앵커를 맡기에는 경험이나 연륜이 많이 부족했다. 하다 못해 주름살 하나없이 팽팽한 얼굴로 젊어보이는 것도 걸림돌이었다. 취재부서에 있다 보니 늦은 저녁과 술자리가 많아지면서 체중조절에 한시름 놓고 있었던 것도 사실이다. 그러다 보니 내 체질상 얼굴에 주로 살이 올랐고 보름달처럼 통통해진 얼굴 사이즈를 꽤 많이 줄여야 했다.

종합편성 채널 외에 뉴스전문채널까지 생기면서 뉴스를 즐겨보는 나에게는 선택의 폭이 넓어져 반가운 일이다. 신생 방송사들은 20대에서 30대 초반의 젊은 아나운서들을 계약직으로 선발해 프로그램을 진행하도록 하고 있다. 경력이 많은 프리랜서보다 출연료가 적게 들고 신선하고 풋풋한 활기가 넘치니 좋긴 하다. 그러나 젊은 남자 아나운서가 뉴스를 읽으면 신뢰도가 떨어진다는 지적이 많다. 남녀 2MC로 진행되는 와이드 뉴스프로그램이 많은데 남자 진행자가 너무 어려 보이면 그가 읽는 뉴스에 대한 믿음이 떨어지게 된다. 주요뉴스를 먼저 남자 진행자가 맡아서 하게 되는데 자신이 읽는 뉴스에 대해 이해는 하고 있는 건지 의문이 들 정도다. 이러면 곤란해진다. 젊다고 능사가 아닌 곳이 바로 앵커라는 자리다. 나이 마흔을 바라보고 있었고 청와대를 제외한 대부분의 정부 부처를 출입했기 때문에 앵커를 맡는 것은 크게 무리는 없었다. 그러나 솔직히 3~4년은 더 취재현장에 있고 싶었다. 당시 iTV 보도국의 인력구조상 선배보다는 후배들이 대부분이 상황이었고 3~4년 후면 데스크에 앉아 출입처에 나가도 싶어도 나갈 수 없는 구조였기 때문이다. 어차피 편집팀장 등의 내근 데스크를 맡으면서 메인앵커를 하는 것이 인력운용상 더 효율적일 거라는 계산도 해 본 결과였다. 그러나 이번에는 내가 봐도 거부할 명분이 없었다.

2002년 3월, iTV의 3번째 메인뉴스 앵커가 됐다. iTV가 개국한 직후였던 1998년 주말뉴스 앵커를 잠시 맡았던 이후 4년 만에 컴백한 것이다. 기존 공중파 뉴스가 9시였던 것과 차별화해 10시 시보와 함께 시작했다.

"시청자 여러분, 안녕하십니까. 오늘부터 iTV뉴스 10의 진행을 맡은 최준묵입니다."

가슴이 뛰었다. 원주MBC 아나운서 시절, 서울MBC 모니터 화면을 힐끔거리며 언제 서울뉴스를 끊고 원주권 뉴스를 시작하나, 언제 뉴스를 끝내야 하는지, 그렇게 눈치 보며 뉴스를 하던 때가 생각났던 것이다. 시보와 함께 여성MC와 나란이 앉아 종합뉴스를 시작해 보는 것이 바람이었는데 결국 그 뜻을 이룬 것이나. 방송에 관심있는 독사들을 위해 방송뉴스 리뽀트 제작과정을 단편소설로 구성해봤다.

박지은 기자가 노트북을 열고 취재수첩을 펼쳐 기사를 작성하기 시작했다. 머리를 검은 밴드로 뒤로 질끈 묶고는 안경까지 쓴 채 노트북을 노려보고 있는 모습이 경찰서에 있을 때와는 완전히 다른 사람처럼 보였다.

앵커멘트: 사흘 전 서울 마장동 축산물시장 근처에서 사체로 발견된 이 모

씨의 사인이 북한 남파간첩들이 주로 사용하는 독침에 의한 것이라는 국립과학수사연구소의 잠정 부검 결과가 나왔습니다. 이것이 사실이라면 북한의 호전성을 다시 한번 보여준 대남도발로 기록될 것입니다.

박지은 기자가 단독 취재했습니다.

본문: 지난 24일 새벽 서울 마장동 축산물시장 근처 도랑에서 사체로 발견된 이 모씨의 부검 결과, 독침에 의한 심장마비가 결정적인 사인이라는 국립과학수사연구소의 잠정적인 부검결과가 나왔습니다.

녹취: 국과수 담당 부검의

"가슴 왼쪽에 아주 가느다란 침이 꽂혀 있었어. 옷을 뚫고 피부 안쪽 깊숙이 박혀 있어서 처음에는 눈에 띄지 않았지만… 독침이야, 이거… 북한 공작원들이 쓰는….."

본사가 단독 취재한 부검의의 설명입니다. 즉 북한 남파간첩들이 주로 사용하는 독침에 의해 살해당했다는 충격적인 내용입니다.

눈에 보이지 않을 정도로 작은 침이 몸에 박히게 되면 인체에 브롬화네오스티그민이라는 성분의 강력한 독성분이 퍼지게 돼서 그 자리에서 즉사하게 됩니다. 그러나 이 독침에 대해 군 당국은 일체 말을 아끼고 있습니다. 독침의 존재 가능성에 대한 확인조차 거부하는 등 본사의 취재에 일체 응하지 않고 있습니다. 북한 특수부대요원들이 남한 사회에 침투해 민간인을 살해한 것이 의심되는 상황이지만 국가기밀이라는 이유로 이번 사건을 둘러싼 전모를 밝히지 않고 있는 것입니다. 안보 사각지대에 놓인 국민들의 불안감이 커지고 있습니다. 새로운 대북관계의 돌파구를 찾고 있는 민생의 정부도 곤혹스러워 하는 모습입니다.

한편 부검결과에 대한 국과수의 공식 브리핑은 내일 오후 있을 예정입니다. ITS뉴스 박지은입니다.

"최선배, 기사 전송했어요. 데스킹 부탁해요."

최차장은 데스크탑 모니터에서 방금 올라온 기사를 클릭했다. '북한 독침에 의한 살해'라는 제목이었다. 수정할 곳은 특별히 없었다. 팩트 위주로 주어와 서술어 구조도 맞았고 사건흐름에 맞게 기사는 깔끔했다.

"빨리 제작해. 4시에 넣을 거고 10시 메인에도 나갈 거야."

재빨리 기사를 프린트해서 더빙실로 갔다. 두 번 정도 소래내서 읽는 연습을 한 뒤 녹음을 마쳤다. 뉴스 편집실로 달려갔다. 시간이 얼마 없었다. 편집실에서 스포츠 중계를 보며 쉬고 있던 편집기자에게 편집을 부탁했다.

"그림은?"

"제가 스마트폰으로 몰카를 찍어오긴 했는데, 자 여기 컨버팅했어요. 화질도 떨어지고 몰카라서 초점도 안 맞을거예요."

편집기자는 먼저 기사를 한번 훑어보고는 영상 컨버팅한 화면을 빠른 속도로 감아서 살펴봤다. 살해사건을 다룬 뉴스기 때문에 더 신경을 써서 제작해야 했다. 이 기자의 사체발견 당시 촬영한 화면과 경찰시의 자료 화면, 그리고 흔들리기는 하지만 박지은의 몰래카메라 영상과 북한군의 자료화면 등을 섞어서 재빨리 편집했다. 부검 의사의 멘트 부분은 모두 음성 변조했다. 누구인지 밝혀지는 것은 자칫 위험해질 수 있기 때문이다. 음성 변조된 부분의 자막을 일일이 받아 적어서 뉴스편집부에 넘겼다. 제작이 모두 완료됐다.

최차장이 자리로 돌아온 박기자에게 물었다.

"다 제작됐나?"

"네, 선배." "테이프 갖고 국장실로 와."

최차장은 보도국장실로 먼저 들어갔다.

박기자가 보도국장실로 들어가자 탁자에 발을 올린 국장이 4시큐시트를 보고 있었다.

"제작된 거 보자."

기사를 탁자에 내려놓으며 국장이 지시했다. 박기자는 국장실에 있는 편집기에 테이프를 넣고 작동시켰다. 어지러운 화면이지만 지은이 찍어온 화면이 가장 중요한 것이었다. 부검의의 녹취내용도 새로운 단서였다.

"4시부터 탑(첫 뉴스)으로 내보내고, 후속보도도 준비해. 내일은 국과수 공식발표가 있으니까 우리는 한발 더 나가야 돼. 더 뭔가 준비된 거 있나?"

김국장이 손바닥을 비비며 어깨를 잔뜩 움크렸다. 특종처럼 큰 뉴스거리가 터질 때 등장하는 김국장 특유의 몸짓이었다.

최차장은 지은을 쳐다봤다.

"국방부 정보처장이 열쇠를 쥐고 있어요. 그런데 국방부라는 부처 특성상 접근이 쉽지 않을 듯합니다."

"그건 최 차장이 캐보고, 청와대와 국정원 쪽에서 다른 움직임은 없나?"

"청와대 이동현기자한테도 동향을 체크하라고 했는데 아직 보고가 없었습니다. 안보수석을 잘 살펴보라고 지시했습니다."

"안보실장, 그가 좀 미심쩍은데 뭔가 꾸미고 있는 것은 확실한데 레이더가 걸리는 게 없어."

"지은이는 경찰에서 새로 나오는 거 없나 다시 체크하고 최 차장은 국방부

          커리어 리부트

를 훑어봐. 당신이 출입했던 곳 아냐. 아직 당신 정보원들 살아 있지?”

살아 있다는 말은 아직 취재원으로 가치가 있냐는 뜻이다. 물론 당연했다. 기자들에게 한번 출입했던 곳은 왠지 고향 같은 기분이 든다. 다시 출입을 하게 되면 대학시험에 떨어져서 재수하는 것과 비유해 기자들 사이에서는 곧잘 재수한다고 얘기한다. 다시 출입하게 되면 적응하기도 한결 수월하다.

국장실에서 나오니 뉴스 시작 5분 전이었다. 여자 아나운서가 스튜디오로 들어가 앵커석에 앉았다. 뉴스 스텝들도 들어가 머리에 스프레이를 뿌리고 얼굴에 파우더를 바르는 등 손놀림이 분주했다. FD가 여자 아나운서의 귀에 이어폰을 달아주고 급하게 빠져 나왔다.

4시 뉴스타이틀이 돌면서 뉴스가 시작됐다. 박기자도 자기 책상에 앉아 모니터링을 하고 있었다.

시청자 여러분 안녕하십니까. ITS 오후 4시 뉴스입니다.

먼저 첫소식입니다.

사흘 전 서울 마장동 축산물시장 근처에서 사체로 발견된 이 모씨의 사인이 북한 남파간첩들이 주로 사용하는 독침에 의한 것이라는 국립과학수사연구소의 잠정 부검 결과가 나왔습니다. 이것이 사실이라면 북한의 호전성을 다시 한번 보여준 대남도발로 기록될 것입니다. 박지은 기자가 단독 취재했습니다.

첫 꼭지로 방송됐다.

가상의 뉴스 제작현장이다. 방송기자들의 사랑과 애환, 언론 이면의 어두운 면을 다룬 드라마가 간혹 나온다. 의사나 검사와 함께 드라마 단골 소재로 등장하는 직업 가운데 하나가 기자다. 영화 〈다이하드〉에서처럼 밉상으로 나오는 경우가 많긴 하지만 말이다. 세월호 사고 이후 기자에 대한 사회적 불신과 조롱이 넘쳐났고 권력과 자본에 굴종하는 기레기라는 신조어가 등장할 정도로 위상이 추락했지만 그래도 기자는 할 만한 직업이라는 것을 새삼 느꼈다. 그리고 그 시절이 좋았다.

"우리 방송가에도 프리랜서 전문기자, 시사평론가가 아닌 프리랜서 방송 저널리스트가 나와야 하지 않을까!"

지상파 방송사 기자들이 만들어낸 1분 40초짜리 리포트가 그들 하루치 노동의 결정체라고 한다면 우리는 정말 값비싼 뉴스를 시청하고 있다. 가령 연봉 7천만원(세전 월 580만원)을 받는 기자가 한 달에 25개의 리포트를 제작했다고 한다면 리포트 1개의 값은 23만원이다. 20년 넘게 근무한 부장은 가령 긴급속보 때 앵커와 대담하면서 시간을 채워줄 만한 내공을 갖추고 있을까? 화면을 보면서 즉흥적인 멘트와 대본없는 질의응답을 이어갈 정도의 경지에 다다랐을까?

사전에 철저히 입을 맞춘 질의응답에만 익숙해진 탓일까, 예정에 없던 질문을 던지면 그 앵커는 졸지에 보도국 사람들한테 몹쓸 사람이 된다. 즉 자기가 튀어보겠다고 생방송 연결된 기자에게 망신을 줬다는 것이다. 어느 기자 선배에게서 들었던 얘기다. 그런데 그렇게 기자들 어리둥절하게 만들었던 아나운서는 후에 종편 보도부문 사장이 돼서 원고에 없던 질문을 기자에게 던졌다. 미국방송처럼 말이다. 만일, 방송기자들이 예고에 없던 질

   커리어 리부트

문에 즉흥적으로 답을 할 수 있고 어떤 상황에서도 흔들리지 않게 생방송 연결을 마칠 수 있다면 우리 뉴스가 훨씬 깊이 있어지지 않았을까하는 생각이 든다. 기자 본인의 발전은 물론이고 말이다. 작성된 원고와 미리 짜맞춘 질의응답 외에는 다른 질문이 들어오면 방송사고다. 집회나 선거 유세 현장에는 예기치 못한 돌발상황이 발생할 수 있다. 마이크를 들고 생방송 멘트를 하는 와중에도 말이다. 스튜디오에 있는 앵커는 그런 상황을 모니터를 통해 지켜보면서 추가질문을 할 수 있어야 한다.

"우리 방송에도 프리랜서 전문기자, 프리랜서 방송 저널리스트가 등장해야 하지 않을까? 언론사 어딜 봐도 비슷하기만 한 1분 40초 리포트들을 언제까지 봐줘야 하는 것일까? 23만 원의 가치가 있는 것인가!"

<앵커맨의 자질>

①용모 ②신뢰성 ③화술 ④뉴스에 대한 이해 ⑤매력 ⑥위트 ⑦임기응변 ⑧말쑥한 인상 ⑨퍼스널리티(인격, 개성) ⑩정확한 발음 ⑪겸손

헌터&그로스, 미국 주요 방송사 보도 책임자 '앵커맨의 자질'에 관한 설문조사(1978년)

SBS가 한 시간 빠른 뉴스로 승부를 걸었듯 우리는 경기와 인천지역이라는 지역적 특수성을 감안해 1시간 늦은 뉴스를 시도했다. 즉 서울에서 늦은 시간 퇴근하는 직장인들의 뉴스시간대를 맞춰보겠다는 것이었다. 다른 채널에서는 드라마가 방송되는 황금시간대였지만 뉴스를 찾는 시청자를 겨냥했다. 그동안 서울과 근접해 있다는 이유로 뉴스에서 소외됐던 인천과

경기지역의 뉴스도 상대적으로 많이 전파를 탔다. 다시 돌아와 앉은 뉴스 진행자 자리는 내게 꼭 맞는 맞춤수트 같았다. 아는 것을 넘어서 좋아하는 일이었고, 좋아함을 넘어서 즐기고 있었던 것이다. 아는 것과 좋아하는 것, 그리고 즐기는 것. 이 세 가지는 인간의 성숙단계를 선명하게 표시해주는 리트머스 시험지와 같다고 하는데 뉴스진행에 있어서만큼은 마지막 즐기는 단계에 접어들고 있었던 것이다.

생방송 뉴스를 하다 보면 리포트가 순서에 맞게 다 들어오지 못하는 경우가 있다. 당초 큐시트에는 16개의 리포트가 준비돼 있지만 정작 시간에 못맞추면 뉴스시간이 남게 된다. 담당PD는 앵커멘트를 천천히 읽어달라는 주문을 하는 경우가 생긴다. 그러나 앵커멘트를 어떻게 천천히 읽는다는 것인가. 느릿느릿 읽는 것은 어색하기만 해서 뉴스리딩이 부족한 앵커처럼 보일 뿐 아니라 시간을 늘리기에도 크게 도움이 되지 못한다. 차라리 원고에는 없던 앵커멘트를 기사 내용을 읽어보고 더하기로 했다.

뉴스 예시1

개통 4개월을 맞은 의정부경전철. 수천억원이 투입됐지만 승객이 없어 애물단지로 전락했습니다. 급기야 생존을 위해 파격적인 요금 할인에 들어 갔습니다. 김민수 기자의 보도입니다.

적자 운영 중인 의정부경전철이 요금 할인이라는 고육책을 내놨습니다. 11월 한 달간 1,300원이던 성인 요금은 무려 350원으로 낮췄고 학생과 어린이도 각각 300원과 230원으로 내렸습니다.

이수철(가명) **대표이사 / 의정부 경전철**

"시승기회를 갖지 못한 시민들과 환승할인이 적용되지 못해 부담이 있는 손님들을 위해 한 달동안 요금을 대폭 할인해서….."

경전철측은 이번 할인으로 평일의 경우 2배, 주말은 3배 이상 승객이 늘어나고 있는 것으로 분석했습니다. 일단 파격 할인에 대해 시민들도 반기는 분위기입니다.

심현영(가명) **/ 경기도 의정부시**

"여러분들이 요금 자체가 비싸고 환승할인이 안된다고 불만이 많았는데 이번 한 달 동안 요금을 인하한다고 하니까 경전철을 자주 이용하는 시민으로서 잘된 것 같습니다."

실제 지난 7월 개통한 의정부 경전철의 하루 평균 이용객은 1만3천여 명! 애초 예측 수요의 15% 수준으로 1년을 운행할 경우 200억원 이상의 적자가 예상됩니다. 재정이 취약한 의정부시는 해결할 엄두조차 내지 못하고 있는 가운데 현장에서는 상급기관의 적극적인 협조가 필요하다고 말합니다.

경기도의원

"경기도는 환승할인정책을 실시해줘야 하고요. 중앙정부는 도시철도법 개정안을 빨리 통과시켜서 의정부경전철의 적자를 보전해줘야 된다고….."

하지만 정작 해당기관들이 시큰둥한 반응을 보이는 데다 지자체의 무분별한 예산집행에 책임을 전가한다는 비판도 많아 의정부경전철의 해결은 쉽지 않아 보입니다. 김민수입니다.

애초 앵커멘트는 "개통 4개월을 맞은 의정부경전철. 수천억원이 투입됐지만 승객이 없어 애물단지로 전락했습니다. 급기야 생존을 위해 파격적인 요금 할인에 들어갔습니다."였다. 여기에 "1300원이던 요금이 350원입니다."를 덧붙였다. 할인된 요금이 얼마인지가 중요하고 관심이 큰 사안이기에 멘트로 더한 것이다. 아직도 부족한 시간을 더 늘려달라는 PD의 주문은 이어진다. 과연 이렇게 한마디씩 더 보태는 것으로 얼마나 시간을 채울 수 있을지는 미지수지만 시간을 늘리기 위해 나도 노력한다. 남은 리포트의 본문 기사를 읽고 어떤 앵커멘트를 보태야 할지 적어 넣는다.

뉴스예시 2

삭막하고 칙칙했던 학교 담장에 벽화를 그리는 문화가 확산되고 있습니다. 한결 화사해진 담장 벽화에는 학생들의 꿈과 희망이 가득 담겨있습니다. 최준묵 기자의 보돕니다.

학교 담장이 학생과 학부모들로 북적거립니다. 가을 햇살 아래 저마다 작은 붓을 들고 담벼락을 캔버스 삼아 색칠해 봅니다. 횡하기만 했던 시멘트 벽에 달이 뜨고 별이 반짝거리더니 아이들이 마음껏 뛰놀고 쉴 수 있는 마을이 만들어집니다. 평소엔 이끼가 껴있고 가까이 가기 싫었던 담벼락이었지만 어느새 아이들의 동심으로 가득 메워졌습니다.

박연진(가명), 초등 4학년

"우리 학교 벽에 그림을 그리니깐요. 벽이 한층 살아 나는 거 같고 그림을 그리니까 재미있었어요."

학교가 공단지역이어서 어두침침한 데다가 우범지대라 근심 걱정이었던 엄마는 한창 밝아진 학교 주변 모습에 기쁩니다.

정미연(가명)**, 학부모**

"이렇게 아이들과 학부모들이 힘을 합쳐 그림을 그리고 동심으로 돌아갈 수도 있고 아이들이 그림을 보면서 꿈을 키웠으면 좋겠고…."

학교 담장 벽화그리기는 학교와 그 주변지역이 점점 더 사고 위험에 노출되고 있는 현실에 아름다운 곳에서는 차마 범죄를 저지르지 않을까 하는 작은 마음에서부터 출발했습니다.

교감

"벽화 속의 내용을 보면서 살벌한 마음 또 친구들 간의 다투는 시기심이 없어지고 정서 순화에 많은 도움이 되겠습니다. 또 안전한 학교, 안심하고 다닐 수 있는 학교, 편안한 곳이 되겠습니다."

첫 시작은 힘들었지만 학부모와 교직원, 동네주민 그리고 주변 학원 선생님 등 여러 사람이 힘을 모아 학교 주변을 문화공간으로 만들고 있습니다. 잊지 못할 학창시절의 추억과 앞으로 꿈 꿔 나갈 미래가 학교 담벼락 화폭에 곱게 그려져 어두웠던 통학로가 더욱 밝게 빛나고 있습니다.

당초 앵커멘트는 "삭막하고 칙칙했던 학교 담장에 벽화를 그리는 문화가 확산되고 있습니다. 한결 화사해진 담장 벽화에는 학생들의 꿈과 희망이 가득 담겨 있습니다."까지다. 여기에 "원래 우범지대였다고 하는 곳인데 어떻게 변했는지 한번 보시죠."라는 멘트를 더했다. 본문 기사를 읽고 어떤 주요 내용을 앵커멘트에 넣을 것인지 앞선 리포트가 나가는 1분40초 동안 찾아내야 한다. 이런 식으로 몇 개의 리포트에 앵커멘트를 더하다 보니 시간이 맞아 떨어졌다. 이런 식의 변수가 생방송 중에는 발생한다. 앵커멘트를 느리게 읽는다는 것은 차라리 안 하느니만 못한 결과를 가져올 것이다.

무작정 시간을 늘려가야 하는 부담이 앵커에게 주어지는 경우가 많다. 대담 방송할 때도 예정된 질문은 다 소화했음에도 시간이 턱없이 남아 있는 경우가 종종 발생한다. 출연자가 너무 간단하게 답변을 하는 바람에 그런 것이다. 노련한 PD가 전체 시간을 체크해 가며 이런 식으로 답변이 짧으면 나중에 곤란하다는 시그널을 준다. 남은 질문은 대여섯 개뿐인데 종료시점은 15분이 남았다. 출연자의 답변을 듣고 추가적인 질문을 던진다. 예정에 없던 돌발질문에 출연자가 순간 당황하는 눈치지만 어쩔 수 없다. 진행자가 물어보는 것이 엉뚱한 내용이 아니다. 출연자는 자신이 알고 있는 내용을 보충해서 설명을 하기 시작한다. 그러나 전혀 생소한 분야거나 사전에 대담 아이템에 대한 내용을 숙지하지 않으면 뭘 물어야 할지, 질문이 막힐 때가 있다. 그렇게 되지 않으려면 어떤 내용의 대담이 진행되는지, 사전에 내용을 숙지해야 한다. 구성작가가 써준 질문 외에 추가적인 것까지 알고 있어야 한다. 알아야 질문할 수 있다.

 커리어 리부트

‖ 7 ‖

비운의 iTV

"직장폐쇄가 되면서 노조원들은 회사에 들어오지 못한 채 정문 밖에 모여 농성을 벌였다."

2001년 iTV보도국은 수원에 있었다. 인천방송이 경인방송으로 방송권역이 확대되면서 경기도 측의 요청으로 iTV 보도국만 수원으로 옮겨갔다. 방송사 입장에서 보도국은 돈을 벌어주는 효자 부서가 아니다. 돈을 벌어다 주는 곳은 드라마나 쇼를 만드는 예능국이고 보도국은 반대로 돈을 쓰는 부서이다. 예를 들어 대통령의 해외순방 때 취재기자와 카메라기자 등이 동행해 출장을 나가게 된다. 해외출장을 나가서 메인뉴스에 1분50초짜리 리포트를 제작해 송출한다. 단순히 경비만 따진다면 1분50초짜리 뉴스 하나를 제작하기 위해 적잖은 돈을 경비와 함께 출장비로 쓰는 것이다. 시간 단위로 제작비를 따진다면 가장 비싼 동영상을 만들어 내고 있는 곳이 어쩌면 보도국일지도 모른다. 물론 메인뉴스에 광고가 붙긴 하지만 그래도 버는 것보다 나가는 돈이 많다. 방송사 위상은 보도국 파워로 결정된다. 임창렬 당시 경기지사는 보도국의 힘을 알고 있었다. 인천방송에서 경인방송으로 경기권역까지 넓힌 전파력을 지닌 지상파방송의 보도국이 자신의 옆에 있기를 바랐던 것이다.

갑자기 사무실이 옮겨지면서 출퇴근이 힘들어졌다. 인천 본사에서 집까지 10분이면 닿은 거리에서 출퇴근 시간이 2시간을 넘기게 된 것이다. 수원은 정조에 의해 계획도시로 건설된 경기도청 소재지다. 그러나 수원 시내를 관통하는 주 도로는 왕복 4차선으로 좁아서 교통체증이 출퇴근 시간대뿐 아니라 하루 종일 심각했다. 그런데 1개 차선은 불법 주정차된 차가 있어 사실상 왕복 2차선이라고 봐야 했다. 조선시대 때는 널직한 신작로였을지 몰라도 지금에 와서는 근시안적 설계를 한 것이다. 수원 사무실을 빠져나오려면 수원역을 거쳐가야 했는데 수원시내를 나오는 데만 30분 이상 걸리기도 했다. 근무여건이 열악해 지면 회사에 대한 충성도는 떨어질 수밖에 없다. 특히 요즘처럼 워라벨을 따지는 시대였다면 보도국을 옮기는 건 엄두도 못냈을지 모른다.

2004년은 iTV구성원 모두에게 뼈아픈 해로 기억될 것이다. 발단은 회사에서 제공했다. 2002년말 iTV는 인천시 정무 부시장인 P모씨를 신임회장으로 선임했다. 행정 부시장이 아닌 정무쪽은 정치권 인사다. 노조는 인천시장 후보였던 정치인이 방송사 회장으로 오는 것에 크게 반발했다. 정치적 목적을 염두에 두고 방송을 사유화할 것이라는 이유였다. 우려는 현실이 됐다. 인천시장 출마를 위해 제멋대로 운영했다. 편성시간을 바꾸거나 부당한 취재지시를 내렸다. 대표적인 것이 프로야구 경기에서 자신이 시구하는 모습을 정규뉴스에 넣는 것이었다. 물론 당사자는 구단측 요청에 의한 것으로 중계방송이 있는 줄도 몰랐다고 해명했지만 믿기 어려웠다. 회사와 노조와의 갈등의 골은 깊어갔다. 불신이 쌓였고 내부는 갈라졌다. 노조는 공익적 민영방송을 요구하면서 파업을 시작했다. 장기간 파업에 사측은 결국 직장폐쇄로 맞서면서 최악의 상황으로 치달았다. 결말은 참담했다.

공익적 민영방송이란 비영리 공익재단이 방송사의 주인이 되어야 한다는 주장이다. 즉 iTV 1대 주주인 동양제철화학이 방송사 경영에서 손을 떼고 비영리 공익재단, 이른바 명망있고 도덕성을 갖춘 언론학자나 시민단체 인사 등으로 구성된 공익재단에게 경영권을 넘기라는 것이었다. 정치권 인사의 볼썽사나운 행태를 지원하고 묵인했던 것이 대주주였다. 노조에서 손을 떼라고 요구하는 것은 일견 정당해 보였다.

이런 주장이 왜 세력을 얻고 직원들 사이에 팽배했는지를 구조적으로 살펴볼 필요가 있다. 일반적으로 국가의 방송정책은 세가지 유형으로 나누어지게 되는데 첫째 방송의 공공성과 공익성을 내세우지만 실제로는 정치권력의 통제 차원에서 이루어지는 국가공보정책으로서의 방송정책이 있고 둘째 방송미디어산업 기술측면을 강조하는 하드웨어 중심의 방송정책이 있다. 세 번째는 한 국가의 문화정체성을 확보하는 수단으로 간주하여 방송정책을 사회문화정책의 하나로 보는 입장이다. 우리나라의 방송정책은 이 세 가지가 복잡하게 얽혀 있다는 것이 언론학자들의 견해다. 이렇듯 명쾌하게 정리되지 못하다 보니 문제가 발생하게 되는데 어느 학자는 우리 방송정책의 문제를 '시장주의와 국가주의의 불편한 결합'이라고 지적하기도 한다. 언론이 정치권력으로부터 독립된 적이 없었던 우리의 경우 규제완화를 명분으로 국가와 산업이 음모적으로 결탁할 가능성이 있다는 것이다. 정권을 잡은 최고권력자의 통치수단으로 방송이 활용되고 거대자본을 앞세운 기업집단의 광고장악으로 인해 방송이 시청자인 소비자를 이용한다는 것이다. 말 그대로 시장주의와 국가주의의 결합인데 이로 인한 폐해는 고스란히 힘없는 서민들에게 돌아갈 수밖에 없는 구조인 것이다.

여기서 주목할 것이 공익론자들의 주장이다. 그들은 방송시장은 방송산업 특유의 자연독점성과 높은 시장진입 비용 등으로 인해 경쟁을 억압하고 독과점을 낳게 되며 공익성이 높은 교양물이나 보도 프로그램보다는 시청률 확보를 위한 이윤추구가 용이한 오락프로그램을 과잉생산하게 됨으로써 시장 조정기능이 실패하게 된다는 논리가 나오게 되는 것이다. 수평적 정권교체가 성공했던 국민의 정부나 참여정부 시절 공익을 추구하는 시청자단체나 시민단체, 학계와 같은 공익추구 집단의 목소리가 상대적으로 커져 방송정책의 형성에 큰 변수로 작용했다. iTV노동조합이 공익적 민영방송이라는 기치를 내세울 수 있었던 배경에는 이런 정치사회적 변화가 한 몫을 한 것이다.

그러나 거대자본을 투입해서 방송사를 설립하고 운영하는 1대 주주 입장에서는 결코 받아 들일 수 없는 요구였다. 노조는 이 같은 주장의 관철을 요구하며 막판까지 투쟁을 계속했다. 공익재단이라는 것은 마치 사회주의 국가의 집단지도체제를 연상케 했다. 다같이 죽자는 소리처럼 들렸다. 나는 노조를 탈퇴했다. 노조의 주장에 동의할 수 없었다. 만일 노조의 주장대로 공익적 민영방송사가 된다면 기사의 논조를 어디에 중심을 두고 써야 할지 종잡을 수 없었던 것이다. 각계각층의 목소리를 대변한다는 것은 한낱 이상(理想)에 불과하다고 여긴 것이다. 합리적 선택을 위해서는 모든 이

해관계를 반영해야 하는데 최고경영진인 노조대표와 시민단체, 학계의 주장이 상충된다면 그 결정은 어떻게 내려지게 되는 것인가. "민주주의가 행정적으로 다른 정부 형태보다 반드시 더 효율적인 것은 아니다."(Schumitter, P.&Karl, T)라는 말은 이러한 측면을 잘 드러내 준 것이 아닌가 싶다. 노조의 요구에 회의적인 사원들이 생기면서 노조 탈퇴자들이 늘어났고 노사갈등에서 노노갈등 양상으로 골이 깊어져 갔다. 노조 탈퇴자들은 방송위원회의 재허가가 나기 전까지 방송현업에 종사했다. 최소한 재허가는 받아보자는 것이었다.

직장폐쇄가 되면서 노조원들은 회사에 들어오지 못한 채 정문 밖에 모여 매일 농성을 벌였다. 어제의 동료가 서로 얼굴을 붉히며 맞서게 되는 안타까운 일이 벌어진 것이다. 출근하는 동료를 험한 분위기로 입구를 막아서는 일이 매일 반복됐다. 들어가려는 직원이나 막아서는 노조원이나 상대방의 입장을 이해하지 못했다. 노조는 사측의 구사대라며 우리를 욕했고 우리는 그들을 이상주의자들이라며 응수했다. 이제는 서로가 건널 수 없는 강을 건넜다는 느낌이 들었다. 후배가 선배의 이름을 부르며 험한 욕을 해내는 상황까지 벌어졌다. 회사가 정상화된다하더라도 같이 근무할 수 없을 만큼 서로에게 상처가 깊어졌다. 사측의 폐쇄조치에 친노조 성향의 정치권과 시민단체들이 강력하게 반발하고 나섰다. 열린우리당과 민주노동당의 일부 국회의원, 언론관련 시민단체 등이 1대 주주인 동양제철화학의 퇴출을 요구하고 나선 것이다. 결국 2004년 12월 21일, 방송위원회가 iTV에 대해 재허가 추천을 거부했다. 방송사의 문을 닫으라는 결정을 내린 것이다. 방송위는 재허가 추천을 거부한 사유로 사업수행을 위한 재정능력 부족과 방송발전 지원계획 및 방송수익 사회환원 불이행, 그리고 협찬·간접광고 규정 반복적 위반 등을 꼽았다. 1980년 군부에 의한 언론통폐합 이후 처음으로 방송국 전파가 중단된 것이다.

iTV노조는 방송위원회의 결정 직후 '재허가 추천거부는 iTV소멸이 아닌 동양제철화학에 대한 퇴출 결정을 의미한다'면서 농성중이던 목동 방송위원회 로비에서 환호했다. 자신들의 투쟁이 승리한 것으로 봤다. 과연 그랬을까. 방송사가 다시 세워지기까지 3년을 기다려야 했다. 아직도 많은 사람들은 iTV라고 하면 OBS를 얘기하곤 한다. 노조원들 대부분이 OBS에서 고용승계가 이뤄졌기에 외부에서 보면 이름만 다른 같은 회사로 본다. iTV를 살려보겠다고 노조 반대편에 섰던 비상대책위원회 구성원들은 새로운 방송사에 단 한 명도 입사하지 못했다. 나도 비대위여서 2007년 OBS가 세워졌을 때 들어가지 못했다. 그때는 이미 녹십자에서 홍보팀장으로 입지를 다지고 있을 때였다. 방송위원회의 폐업 결정을 놓고는 두고두고 논란이 됐다. 우선 SBS의 프로그램을 70~80%까지 받을 수 있는 다른 지역민방과 달리 SBS와 권역이 겹치는 iTV는 100% 자체 편성 프로그램으로 채울 수밖에 없어 경영에 큰 부담을 떠안아온 것이 사실이다. 이를 잘 알면서도 제도적, 정책적으로 풀어주지 않은 채 모든 책임을 고스란히 iTV에만 지운 것이다. 재무구조 악화의 원인이나 방송법 위반 정도 등으로 볼 때 다른 지역민방과의 형평성을 들어 방송위 결정이 지나친 처사라고 주장도 제기됐다. 2004년 12월 31일 iTV는 애국가를 마지막으로 방송 송출을 종료했다.

6개월이나 길어도 1년 정도만 참고 견디면 다시 방송사가 세워지리라 믿었다. 그러나 믿음은 실망으로 변했고 깊어가는 한숨과 함께 불안감이 커져갔다. 정신적인 충격에서도 한동안 헤어나지 못했다. 지상파 방송사가 문을 닫을 수 있다는 것을 상상도 안 했기 때문이다. 중소 제조업체도 아니고 케이블채널도 아닌 지상파 방송이 문을 닫았다는 사실을, 눈 앞의 현실로 받아들이기 어려웠다. 차라리 회사 경영이 어려워져서 부도가 났다면 덜 억울했을지도 모른다. 방송위원회의 재허가 추천거부로 수백 명의 사람들이 실업자가 된다는 것이 납득이 가지 않았다. 사회에 해악을 끼치는 범죄집단도 아니었고 국민의 세금이 투입되는 적자투성이 공기업도 아니었다. 우리는 그저 민간기업이 만든 인천,경기지역의 민영 방송사였을 뿐이다. 사업수행을 위한 재정능력 부족과 방송발전 지원계획 및 방송수익 사회환원 불이행, 그리고 협찬·간접광고 규정 반복적 위반이 문을 닫아야 하는 사유였다. 과연 이것이 문을 닫아야 할 이유가 된단 말인가. 수백 명의 목숨과도 같던 일터를 하루아침에 날려 버릴 만한 엄청난 잘못이었단 말인가. 재정능력이 부족하면 회사차원의 자구책을 마련하면 될 일이고 그래도 능력이 안 된다면 스스로 정리하면 될 일 아니던가.

iTV(경인방송)는 23일 이사회를 열고 방송위원회의 방송 새허가 추천 서부에 따라 불가피하게 내년 1월 1일자로 폐업을 의결했다고 밝혔다. 이번 이사회의 폐업 의결에 따라 오는 31일자로 iTV 전 임직원의 고용계약은 해지된다. 그러나 폐업 이후의 절차 진행을 위해 최소 인력을 한시적으로 유지할 방침이다. iTV 이사회는 폐업 결정 후 "iTV의 현 사태를 설명하기 위한 주주간담회를 조속한 시일 내에 개최할 예정"이라며 "방송위원회의 결정은 존중하되 '재허가 추천거부' 번복을 위한 노력과 법률적 대응을 강

구할 것"이라고 밝혔다. 한편 경인방송 노조는 이사회의 폐업 결정에 대해 즉각 반대성명을 내고 "그간 방송개혁을 추진해온 노조를 무력화하기 위한 위장폐업의 성격이 짙다"며 강력 반발했다.

2004년 12월 언론 기사

회사가 문닫는 마지막 날까지 회사를 살려보겠다고 정규방송을 하고 평소 친분 있는 국회의원들에게 매달리며 끝까지 애썼건만, 허망했다. 도무지 이해가 가지 않고 억울했다.

마흔 살에 닥친 가장의 실업이었다. 아이들은 중학교에 입학했다. 이제 어떻게, 무엇을 하면서 살 것인가. 아내와 아이들 얼굴보기가 미안했다. 남들이 좋은 직장이라고 부러워했던 지상파 방송의 기자였고 앵커였지만 하루아침에 모든 것이 사라졌다. 삶의 기반이 붕괴된 것이다. 나를 찾는 방송사는 없었다. 고난의 시절이었다. 실패나 시련을 겪어보지 않고 살아왔었다. 좋은 직장에 다녔고 경제적으로도 여유가 있었다. 평탄한 삶이었다. 그러나 그것이 한순간에 무너진 것이다. 하루 해가 그렇게 길게 느껴진 적이 없었다. 낮 시간 공원 벤치에 앉아 내가 왜 여기서 이러고 있어야 하는지 낙담했다. 일자리는 최고의 복지다. 본인이 직접 겪어보지 않고는 일자리가 없는 고통을 알지 못한다.

아침에는 무보수로 라디오를 진행하고 낮에는 여의도에서 DMB방송을, 저녁에는 아나운서 아카데미에서 강의를 했다. 그러나 경제적으로 갈수록 힘들어졌다. 안정적인 일자리를 찾아야 했는데 쉽지 않았다. 경제케이블 채널에서 경력기자를 선발한다기에 응시했지만 그곳 경영진의 방침으로 iTV 출신들은 아예 제외대상이었다. 회사를 망가뜨린 주역들이라는 이유에서였다. 강성 노조원 출신을 받기 꺼렸던 것이다. 우리는 다른 방송사에 들어갈 수 없는 블랙리스트 인물이었다. 잡다하게 일은 많았지만 수입은 보잘것없었던, 사실상 실업자였다. 그럼 선택은 하나였다. 방송이 아닌 다른 일을 찾아야 했다.

2006년 초, 마흔 살이 되던 해였다.

2장

천상계에서 지상계로

‖ 1 ‖

닥치는 대로 일하다

"구직 사이트를 보며 구직활동을 했다. 실업급여를 타기 위해 구직 활동의 증거가 필요했다."

iTV 폐업으로 실업자가 됐다. 여러 가지 일을 했다. 라디오를 통해 다시 방송을 살려보자는 얘기가 나오면서 라디오 진행을 했던 것도 그 가운데 하나다. 라디오 제작과 진행을 해 본 경험이 있는 기자들이 적었기에 내가 2시간짜리 시사 프로그램의 제작과 진행을 겸하게 되었다. 모두 무보수 자원봉사였다. 후배기자 5명이 PD로 나섰고 시민들 가운데 지원자를 선발해 리포터와 구성작가 진용을 꾸렸다. 방송을 쉰 지 두 달만인 3월 1일, 다시 iTVFM의 방송이 시작됐다. 두 달 동안 음악만 나오던 라디오 프로그램에서 다시 진행자가 등장한 것이다. 기분이 묘했다. 잘 될거라는 희망도 생겼다.

나는 아침 7시부터 9시까지 두 시간 동안 〈iTViFM 출발 상쾌한 아침〉이라는 제목으로 청취자들을 만났다. 뉴스를 비롯해 시사관련 이슈를 쫓는 전형적인 시사정보 프로그램이었다. 일본에서 지진이 발생했을 때 일본 현지 교민을 전화 연결해 피해상황을 들어보는 등 의욕적으로 방송을 했다. 후배들도 무보수였지만 어느 때보다 자발적이고 열심이었다. 다시 방송사를 세워야 한다는 지역여론을 끌어내기 위해서였고 그런 우리들의 절실한 목표가 이 프로그램에 달려 있었기 때문이었다. 나머지 시간대는 DJ 음악 프로그램이었기에 우리 프로그램이 유일한 보도기능을 갖추고 있었다. 백여 명의 국회의원과 인터뷰를 했고 지역의 다양한 주제들로 인터뷰가 진행됐다. 노무현 대통령의 참여정부에서는 진보세력들의 입김이 셌다. 인천 앞바다를 내려다보고 있는 맥아더 동상의 철거요구도 한창 논란이 됐다. 진보세력은 맥아더는 전쟁광이며 살인마라고 외쳤고 보수세력에서는 대한민국을 적화세력으로부터 구해 준 은인이라고 맞받았다. 이들 두 진영의 대표들을 전화로 연결해 뜨거운 인터뷰를 했다.

진행자는 어느 쪽으로 기울어지지 않고 중립을 지키면서 대담을 진행해야 한다. 다만 토론프로그램이 아닌 경우 어느 한쪽의 입장에서 질문을 던지는 게 좋은 방송을 이끌 수 있다. 진보쪽 인사들과 인터뷰 할 때는 보수쪽 시각에서 질문을 던져 문제점에 대한 답변을 들었고 반대로 보수쪽 인사와 인터뷰할 때는 진보의 시각에서 문제점을 파고드는 식이다. 그렇게 해야 인터뷰이의 목소리 톤까지 높아지며 팽팽한 긴장감 속에 뉴스가치가 있는 생생한 인터뷰가 이뤄질 수 있다. 이런 의도를 잘못 이해하신 인터뷰이는 진행자의 시각이 편향됐다며 생방송 도중 화를 내기도 했다. 인터뷰 방송을 흥미롭게 끌어가기 위한 의도였을 뿐 그런 뜻이 아니었다. 이만섭 전 국회의장과의 인터뷰도 기억에 남는다. 참여정부의 실정으로 국정의 난맥상이 드러나는 것에 대해 원로 정치인의 쓴소리를 듣고자 마련한 것이었다. 차분하고 특유의 쓴소리로 정부에 거침없는 채찍질을 가했다. 원로가 원로다우려면 최고 권력자가 잘못 가고 있을 때 과감히 못한다고 질책을 할 수 있어야 한다. 어른이 어른다우려면 역시 마찬가지다. 진정한 원로와 어른이 점점 찾아보기 힘든 세상이다.

　방송 시작 이후 차츰 지역민들의 호응을 얻어내면서 인기프로그램으로 자리를 잡아갔다. 방송에 대한 갈증은 해소해줬지만 생계를 해결해주지는 못했다. 태어나 처음으로 실업급여를 신청하러 고용센터를 방문했다. 실업자 틈에 끼어서 기초교육을 받을 때의 비참함과 패배감은 겪어보지 않고는 모른다. 더구나 잘나가는 방송기자였으니 더 충격이 컸다. 뭔가 일을 해야만 했지만 쉽게 찾아지지 않았다. 선배 소개로 아나운서 아카데미 시간 강사로도 나갔다. 전화로 연락해 찾아가니 마침 학원 원장도 몇 해 전 취재 때문에 만난 적이 있던 방송계 선배였다. 문화부를 출입하던 시절, 오디오북이라는 새로운 분야의 사업에 발을 들이고 있을 때였다. 그 사업이 잘되지 않았던 모양이다. 지상파 방송사 계열사인 방송아카데미 시장에 뛰어들어 탄탄하게 입지를 굳히고 있었다. 학원 수료생들이 지상파 방송사를 비롯해 케이블TV 등 여러 분야 아나운서로 입사해 아나운서가 되기 위해서는 이 학원을 다녀야 한다는 소문이 파다했다. 내게는 방송기자반을 신설했으니 수강생들에게 방송 기사 작성법과 뉴스리딩 교육을 맡아 달라고 했다. 강의는 주로 저녁시간에 이뤄졌다. 한 반에 12명 선이었고 20대 여성이 대부분이었다. 대학졸업반도 있었고 직장생활을 하면서 틈틈이 시험준비를 하는 열성파도 있었다. 신촌에 있는 대학에 다니는 학생이나 졸업생이 대부분이었다. 아나운서가 충분히 될 것 같은 수강생이 많았고 이것이 곧

바로 학원의 명성을 뒷받침해줬다. 그런데 수강생 중에는 아나운서를 희망하기에 여러 조건에서 다소 아쉬운 학생도 있었다. 이들에게 아나운서라는 희망 고문을 하고 있는 것은 아닌지 양심에 걸렸다. 이런 고민을 학원 관계자에게 털어놨더니 의외의 답이 돌아왔다.

"도저히 안 될 것 같은 친구들도 여기 심화과정을 거치면 어느 지방 케이블에라도 들어가더군요. 또 지방에 있는 교통방송 리포터도 있고 회사에서 운영하는 사내방송, 지방자치단체에서 운영하는 인터넷TV 방송에도 많이 들어가요."

내가 몰랐던 틈새시장이 있었던 것이다. 내가 몸담고 있던 지상파 방송사만 있는 줄 알았던 나의 좁은 시야 탓이었다. 당연히 그들의 목표는 그곳이었을 것이다. 학원이 돈벌이에 급급한 것 아니냐는 의심은 이렇게 해소됐다. 수업은 한 강의에 2시간 30분이었다. 스케줄에 따라 강의의 주제는 다양했지만 시간이 지날수록 난이도는 올라갔고 기대치도 상승했다. 방송기자반과 아나운서반 모두 발음, 발성을 익히는 것을 시작으로 12회에서 15회씩 단계별로 진행됐다. 뉴스 원고를 나눠주고 캠코더 앞에서 뉴스를 읽고 녹화를 했다. 학생들 앞에서 기사 읽는 법과 어느 부분에 강조점을 두고 읽어야 하는지, 띄어 읽기는 어디가 적당한지 등을 가르쳤다. 중고등학교 수업시간에 국어책 읽는 것과는 다르다. 이미 상당한 수준에 올라 있는 수강생도 있었다. 단 몇 개월 동안만 강의를 했지만 시간이 흐른 뒤 익숙한 얼굴들이 케이블TV 등 여러 매체를 통해 등장했다. DMB방송이 생기면서 정오 시간대 프로그램의 진행도 맡을 수 있었다. 부동산 관련 정보를 2시간 동안 전문가와 함께 알아보는 실물경제 프로그램이었다. 나에게는 생소한 부동산 경매 문제를 집중적으로 다뤘는데 경매라는 전혀 새로운 분야를 다루다 보니 방송 내내 관련 용어나 설명 등을 이해 못해 고생했던 프로그램이기도 하다. 그런데 더 골치 아픈 건 담당 PD였다. 예를 들어 뉴스 기사 가운데 '고위관계자에 따르면'으로 시작되는 기사가 있다. 고위관계자라면 차관급 이상의 정부 관료가 기자를 만나서 준 정보이다. 뉴스의 가치가 있는 발언인 것이다. 기사를 쓰는 기자 입장에서는 당연히 그 발언에 대한 정보원, 즉 소스(Source)를 밝혀야 한다. 익명으로 처리해 달라는 요청이 있었기 때문에 실명만 밝히지 않은 채 고위관계자라고 기사화되는 것이다. 그런데 PD는 '~에 따르면'이라는 표현이 싫다며 그 부분은 빼고 읽으라고 했다. 무척 황당했다. 기사의 예를 들면서 차근차근 설명하기 시작했다. "검찰 고위관계자에 따르면 의혹이 제기된 사건은 법과 원칙에 따라 지위 고하를 막론하고 수사하는 것이 옳고 두 수사기관이 동일한 사건을 수사하는 것은 중복 수사에 따른 인권침해 측면에서 적절치 않다는 입장이다." 만일 담당 PD의 주장대로 '검찰 고위관계자에 따르면'을 빼고 읽으면 '누가 그렇게 하겠다는 것인가'라는 가장 중요한 주어가 생략되는 것이라고 말했다. 기사로서 문장이 성립되지 않는다고 말했지만 고집을 꺾지 않았다. 발언의 내용도 중요하지만 그 발언을 누가 했는지도 중요하다. 발언의 내용이 전혀 새로운 것이라면 이른바 폭탄발언이 돼서 뉴스 가치는 더 커지는 것이다. 검찰 고위관계자가 한 발언이기 때문에 뉴스가 되는 것이다. 개가 사람을 물면 기사가 안 되지만 사람이 개를 물면 기사가 된다. 내가 그 담당PD를 물고 싶었다.

대부분의 기사에는 취재원이 있다. 객관성과 신뢰도를 높이려는 저널리

즘의 관행이자, 장치다. 관료나 기업인, 정치인 등이 주된 취재원이다. 취재원은 여러 명일 수 있다. 이해가 상반되는 주장의 경우 양 당사자의 목소리를 수용자에게 전달해서 수용자가 잘 판단하도록 도와야 한다. 두 사람 이상의 취재원을 밝히는 것을 삼각확인(triangulation)이라고 한다. 선진국 언론에서는 대체로 여러 명의 취재원을 사용한다. 객관성과 공정성을 유지하기 위해서다. 이 같은 기본적인 것을 본인의 취향이라며 거부했던 것이다.

‖ 2 ‖

국내 최대 제약회사 홍보팀장

"기자 출신이 기업에서 쉽게 적응할 수 있는 분야가 홍보다."

대졸 실업난이 심각한 사회문제가 된 것이 어제 오늘의 얘기가 아니다. 그런데 정작 이들을 필요로 하는 중소기업에서는 사람을 구하지 못해서 구인난을 겪고 있다. 일자리의 미스매치다. 눈높이를 낮추라는 말을 많이 한다. 이곳 연구소에서 청년층 일자리 관련 포럼에 참석해 봐도 단골로 등장하는 것이 일자리의 미스매치다. 지방에는 대기업이 드물다. 양질의 일자리 대신 상대적으로 열악한 중소기업이 대부분이다. 석사급이면 대기업은 초임 연봉이 7~8천만 원이다. 중소기업의 경우 3천만 원대가 많다. 업무 환경도 기대에 미치지 못하니 오래 근무하지 못한다. 이들에게 눈높이를 낮추라고 강요하는 것은 시대에 뒤처진 충고일 뿐이다.

취업 사이트를 뒤져 구직활동을 할 때였다. 실업급여를 타기 위해서라도 활동의 증빙이 필요했다. 녹십자라는 제약회사에서 신입 및 경력직 사원을 뽑고 있었다. 기자 출신이 일반 기업체에 곧바로 적응할 수 있는 분야가 홍보업무다. 기업체 홍보팀은 언론사 기자들을 상대로 하기 때문에 종종 언론사 기자들을 스카웃해 가기도 한다. 어느날 기자가 그만둔다고 인사를 하면 대개 기업체 홍보실로 옮겨가는 경우가 많았다. 갑의 위치에 있던 뻣뻣했던 기자가 홍보실 직원이라는 을의 입장이 돼서 몸을 낮춰야 하는 것이다. 다행히 서류심사가 통과되고 면접날이 잡혔다. 회사는 서울에 있겠거니 했던 예측은 빗나갔다. 그제서야 회사 홈페이지를 찾았다. 경기도 용인시 수지에 있었다. 회사 위치가 나중에 엄청난 재앙이 될 줄은 이때는 몰랐다. 회사의 홈페이지는 깔끔하고 정갈했으며 제약회사다운 이미지였지만 한편으로는 단조로운 느낌도 들었다. 면접을 보러 가기 위한 사전준비로 인터넷 뉴스검색에서 녹십자를 찾았다. 최근 회사에서는 어떤 일들이 있었는지, 회사의 최대 현안사업과 오너의 면면 등을 자세히 살펴봤다. 면접관이 회사와 관련된 질문을 던질 것이고 백지상태로 갔다가는 좋은 결과를 얻지 못할 것이기 때문이다. 왜 나를 필요로 하는지에 대한 스스로의 평가도 해봤다. 내가 지닌 장점은 무엇이고 어떻게 어필할 것인가도 생각해봤다. 나이대는 회사가 필요로 하는 기준에 맞았고 홍보팀장 경력은 없었지만 대신 기자경력이 뒷받침해 주리라 믿었다. 서류심사만 통과되면 최종면접은 자신 있었다. 녹십자가 공기업인지 사기업인지도 모르고 회사 위치가 어딘지도 알지 못하는 준비가 안 된 상태에서 일단 도전장부터 던졌다.

막상 닥쳐서 벼락치기로 공부했다. 인터넷 포털이라는 편리한 도구가 있었기에 가능했던 일이다. 학창시절 제일 싫어했고 성적도 안 좋았던 과목이 화학이었다. 그런데 2006년 6월, 제약회사 홍보팀장이 됐다. 인생은 아이러니하다. 방송사가 생기게 되면 그때 다시 생각하기로 하고 생계를 위

　　　　　　　　　　　　　　　커리어 리부트

해 녹십자에 입사하기로 했다. 제약회사는 완전 생소했던 산업분야다. 보건복지부는 나의 출입처 목록에도 없던 곳이다. 첫 출근을 앞두고 제약산업과 관련한 기사들을 챙겨보기 시작했다. 내가 일할 곳이니 관심이 생겼고 뭐든지 습득해야 했다. 며칠 동안 서치한 결과 전반적으로 국내 제약업계가 상당한 어려움에 처한 것을 알게 됐다.

정부의 약값 인하 압력이 거세지고 있었고 한미FTA로 국내 제약사들의 생존 자체가 위태로운 형국이었다. 민간 시장에 나오는 상품의 가격을 정부에서 인위적으로 통제하는 것은 왜곡을 낳을 수 있다. 물가안정이라는 취지는 이해되나 제약사는 초과 수요현상이 생겨 높은 수익률을 기대할 수 없게 되고 결국 경영자는 시장에서 해당 상품을 퇴출하게 될 것이다. 여기에 더해 제약회사에 대한 국민들의 인식도 극도로 나빠진 상황이었다. 리베이트 때문이다. 공정거래위원회가 국내 제약사를 대상으로 조사를 벌인 결과 다수의 제약사가 수백억 원대의 리베이트를 제공한 것이 드러났고 국민적 지탄의 대상이 된 것이다. 리베이트 비용은 약값에 보태지기 때문에 약값을 내리라는 여론이 나왔던 것이다. 제약회사가 약을 공급하는 조건으로 병원 의사들에게 뒷돈을 건네거나 각종 향응을 제공하는 것을 리베이트라고 한다. 오래된 관행이라고 했다. 일부이기는 하지만 제약회사의 뒷돈으로 의사들이 해외 세미나나 골프 여행을 갔다. 의사는 우리 사회에서 가장 경제적 여유가 있는 층인데 세미나 명목으로 해외 나가서 유람하고 골프를 쳤다는 것이다.

가장 큰 악재는 한미FTA였다. 미국계 다국적 제약사의 오리지널 신약 특허가 연장되고 신약 관련 자료 독점권이 인정되면서 복제약과 개량신약에 의존하던 국내 제약사는 설 자리가 좁아질 수밖에 없었다. 아니 존폐를 걱정해야 할 상황이었다. 카피약이라고 불리던 복제약이나 팔던 국내 제약사 입장에서는 청천벽력이었을 것이다. 영세한 자본과 원천기술의 부재 속에 내수시장에서 극한의 경쟁을 벌었던 국내 제약사가 하루아침에 거대 미국 제약사와 경쟁을 해야 했다. 9천여 명의 실업자와 연간 1조 원대의 피해가 날 것이라는 암울한 보고서가 나왔다.

　제약회사를 둘러싼 얽히고 설킨 유착 생태계를 익혀나가기 시작했다. 세계를 움직이는 건 미국의 백악관이고 백악관을 움직이는 건 제약회사 로비스트라는 말을 들은 적이 있다. 과장된 소리로 흘려 들었지만 미국 연방정부의 Shutdown을 불러온 원인이 됐다. 오바마케어에 반대하는 tea party 출신 공화당이 발목을 잡았던 것이다. MB정부 시절인 지난 2010년, 전경련에서 의미심장한 규제개혁 보고서를 낸 적이 있다. 의료산업의 진입규제 개선에 관한 보고서다. 주목할 만한 것이 정부에서 추진하기로 결정한 원격진료가 포함되어 있다는 점이다. 또한 장례식장과 구내식당 등 7가지로 제한된 병원 부대사업의 규제도 모두 풀어서 일자리도 늘리고 관련 산업도 활성화시켜야 한다고 주장하고 있다. 사실상 의료민영화의 빗장이 풀리게 되는 것이다. SBS 〈최후의 권력〉은 치아 치료를 받지 못해 목숨을 잃는 미국의 현실을 보여줬다. 의료보험의 문제점을 다룬 것이다. 모든 것이 시장의 원리에 맡겨진 채, 병원에서 쓰는 모든 비품에 터무니없는 값이 매겨지고 결과적으로 의료비는 부풀려지고 있었다. 제약기업과 보험회사의 영리 추구라는 공통의 목표에 국민의 생명과 재산은 볼모가 되는 것이다. 즉 돈 없으면 치료도 받지 못하게 된다.

의사와 제약사의 관계는 불변의 갑을 관계였다. 첫 출근날, 여행용 트렁크에 2주일간의 짐을 챙겨서 회사에 도착했다. 90여명의 신입 및 경력직원들이 녹십자 목암빌딩 7층 강당에 모였다. 군기가 바짝 든 신병들 같았다. 녹십자 허영섭 회장과의 첫 만남은 'CEO특강'이라는 제목으로 진행됐다. 이미 회사 인사팀에서 회장께서 인사말을 하는 동안 졸거나 시선을 밑으로 두지 말라고 철저히 주의를 받은 상태였다. 졸고 있는 사람은 그 자리에서 회장에게 쫓겨난 전력이 있으니 주의하라는 경고였다. 다행히 우리 기수 중에서 입사 날 퇴사당한 친구는 없었다. 뒤이어 자신을 소개도 하지 않은 채 한 중역의 강의가 시작됐다. 아무리 윗사람이라고 하지만 공식적인 첫만남에서부터 계속 반말을 했다. 기업문화라고 하는 것이 있는데 여기는 이렇게 수준이 낮은 곳인가 하는 생각에 기분이 상했다. 기자나 아나운서처럼 입사년도로 서열이 정해지고 첫 만남에도 스스럼없이 반말이 가능한 조직문화도 많지 않다. 다른 회사 기자라도 선배와 후배라는 하나의 호칭으로 모두가 통일되는 미풍양속을 유지하고 있다. 그런 집단에서도 공식적 자리에서는 반말을 쓰지 않는데 이 회사는 제조업체라서 사람을 막 대하는 것인가라는 생각이 든 것이다. 나중에 이 중역의 성격이 좀 유별난 것으로 사내에서도 유명하다는 것을 알게 됐지만 기본적인 소양은 많이 부족해 보였다.

제약회사의 홍보팀장이 되리라고는 생각도 못했다. 제약회사의 홍보팀장이라는 직무는 해 볼 만한 가치 있는 일이었고 아주 귀중한 시간이기도 했다. 기업체나 관공서 홍보실에서 보도자료를 받아보기만 했고 취재편의를 제공받기만 했던 입장에서 반대로 기자들에게 여러 자료를 주고 취재 나오면 일일이 뒤쫓아 다니며 그들의 편의를 봐주는 양쪽 모든 업무를 경험한 것이다. 하루의 일상이 매일 똑같이 반복됐던 기자시절, 기업체 홍보실에서 다이내믹하게 일해 봤으면 좋겠다는 기대를 가져본 적도 있었다. 그러나 내 발로 방송사를 그만둘 용기도 없었고 기업체 근처를 기웃거린 적도 없었다. iTV가 문을 닫으면서 선택의 여지가 없이 들어갔던 직장이었지만 기자 출신으로 홍보팀장이 될 수 있었던 것은 소중하고 값진 경험이었다. 훌륭한 커리어가 됐다. 더구나 5년도 채 안 되는 짧은 기간이었지만 전 세계를 뒤덮었던 신종플루라는 팬데믹에서 대한민국 보건안전이라는 사명으로 백신을 공급했던 것은 개인적으로도 큰 영광의 나날이었다. 내가 있던 자리에서는 늘 최선을 다했고 남들로부터 자격미달이라거나 일 못한다는 소리를 들어본 적이 없다. 그러나 방송사에서 제조업체로의 이직은 마치 천상계에서 지상계로 추락한 것 같은 이질감을 줬다. 자긍심으로 꽉 차 있던 방송의 세계에서 제조업체 종사자로 온전히 흡수되는 것은 쉽지 않았다.

‖ 3 ‖

후배에게 길을 묻다

"직장생활을 하면서 좋은 멘토를 만나는 것은 행운이다."

녹십자는 공기업인 적십자와 엄연히 다른 회사이지만 사업상 깊은 관련이 있다. 적십자의 헌혈로 모아진 혈액을 공급받아 혈액제품을 만드는 회사로 녹십자는 적십자의 주된 고객이었고 적십자는 녹십자의 원료 공급원이었다. 혈액과 관련된 제품이 많았다. 사람의 피가 이렇게 약으로 만들어지는 줄 그때서야 처음 알았고 오줌도 약의 원료였다. 20여년 전 예비군 훈련장에서 녹십자 마크가 있던 하얀 플라스딕 통의 오줌통을 기익한다. 그 기억 때문에 녹십자하면 공기업인 줄 알았던 것이다. 오줌을 모아서 혈관 속에 응고된 피의 흐름을 원활하게 해주는 혈전 용해제를 만들었다. 하나씩 회사 제품을 익혀가는 것도 흥미로웠다. 일반인들이 생소할 수밖에 없었던 이유는 감기약이나 두통약처럼 일반 약국에서 구입할 수 있는 약을 주된 판매 라인으로 두기보다 수술을 받을 때 반드시 필요한 전문의약품이 주력제품이었기 때문이다. 녹십자라는 이름은 익히 들어왔지만 정확히 어떤 회사인지, 무슨 제품이 주력제품인지 소비자의 인지도 면에서는 상당히 소극적이고 수동적인 회사였다. 은둔형이라고 해야 할까. 물론 지금은 GC 녹십자로 많은 광고를 하고 있다. PR실에 홍보팀과 광고팀, 두 개의 팀이 있었다.

국내 5위권의 대형 제약사에서 왜 그동안 적극적으로 회사 홍보를 하지 않았던 것일까? 나중에 알게 된 사실이지만 최고경영자의 철학 때문이었다. 허영섭 회장은 회사가 사회로부터 칭찬받을 만한 일은 오른손이 모르게 알리기 원했다. 즉 지역사회 기여나 사원 복지 증진 같은 미담을 보도자료로 내서 떠들썩하게 자랑하지 말라는 것이었다. 자기 자랑을 자기 입으로 하지 말라는 것이었는데 그러면서도 대중이 알아주기를 원했다. 알리지 말되 알려야 한다는 것, 어려운 숙제였다. 그러던 와중에 알리지 말되 대중이 알았으면 하는 선행 건이 회장실에서 내려왔다. 보도자료를 내지 않고 홍보를 하려면 기자와 대면접촉을 해야 했다. 일면식도 없던 당시 조선일보 사회부 기자와 점심약속을 잡았다. 제약 관련은 과학부나 경제부에서 맡지만 미담거리는 사회부 관할이다. 인사차 만나는 자리로 하고 이런 저런 얘기를 나누다 식사가 끝나 갈 무렵 회사가 지역사회에 기부한 사실을 흘리듯 말했다. 다음 날 지면에 다음과 같은 기사가 실렸다.

녹십자서 보증금과 월세 부담
폐교위기 신갈야학 새 집 구했다 "배움은 중단없이 계속돼야 한다"
지난해 11월 윤명호 신갈야간학교 교장은 전화 한 통을 받고 만세를 불렀다. 신갈야간학교는 폐교 위기였다. 용인시에서 학교 앞 오산천을 자연

 커리어 리부트

형 하천으로 복원하기 위해 하천주차장을 없애면서 시유지인 학교터에 주차타워를 건설한다고 통보했었기 때문이다. 이사할 곳도 마련해 주지않은 일방적인 통보였다. 윤교장은 "1982년에 설립돼 25년 넘게 운영된 학교가 하루아침에 사라지게 생겼는데, 누구도 책임지지 않았다"고 말했다. 한글을 모르는 할머니와 외국인 며느리 등 120명의 학생들의 배움터가 하루아침에 사라질 위기에 빠진 것이다. 윤교장은 "그런데 갑자기 녹십자에서 연락이 와서 학교를 지어준다고 했다"며 "정말 물에 빠졌다가 살아난 기분"이라고 말했다. 제약회사인 녹십자는 용인에 40년 넘게 자리잡은 토착기업이다. 당초 학교를 지어주려 했지만 토지규제가 복잡해 건물 임대로 방침을 바꿨다. 윤교장은 "회장님의 특별지시라며 부사장님부터 시작해 관계자들이 와서 건물계약까지 다해줬다"며 "3월 중 이전해 새로운 건물에서 공부할 수 있을 것"이라고 말했다. 새 야학자리는 현재 있는 곳에서 700미터쯤 떨어진 곳에 있다. 건물 2층에 면적도 290㎡로 야학으로 쓰기에 충분하다. 보증금 5000만 원과 월세 300만 원은 전액 녹십자에서 부담하기로 했다. 녹십자 관계자는 "지난 40년 동안 용인에서 그보다 더 큰 혜택을 얻었다"며 "그중 일부를 사회에 돌려주는 것일 뿐"이라고 말했다.

2008년 2월 조선일보 기자수첩

기사 소재를 찾고 있던 유능한 기자는 내 말을 흘려듣지 않고 기사를 썼고 나는 목적을 이뤘다. 출입처에서 제공되는 보도자료보다 관계자와의 식사자리가 훨씬 기사 발굴에 도움이 된다는 사실을 기자도 알고 있었다. 다음 날 기업의 이미지 개선은 물론 유능한 홍보팀장의 면모를 보여줄 수 있었다. 이처럼 드러내지 않고 회사를 홍보해야 하는 것은 상당히 고난도 작업이 필요했다. 두통약이나 잇몸약처럼 대중에게 제품과 함께 회사 이름을 널리 알리는 것이 홍보인데 이 회사는 그렇게 알려야 할 것들이 많지 않았던 것이다. 더구나 독감백신처럼 제품을 알리지 않아도 선택의 여지없이 사용하는 제품이 대부분이었다. 녹십자 홍보팀의 업무가 '음지에서 양지를 지향'하는 셈이었다. 물 밑에서 움직이라는 건데 남들에게 회사를 드러내지 않고 홍보를 하라는 것이었다.

기자 출신이지만 홍보 업무는 엄연히 다른 영역이다. 홍보의 A,B,C부터 배워야 했다. 경험으로 익히며 전투하듯 생활해야 했다. 입사 직후에는 회사에 대한 지식이나 정보가 제약 지면을 담당했던 기자들보다 적을 수밖에 없었고 그들은 나를 취재원으로 상대하려 하지 않았다. 아무 것도 모르는 사람에게 무슨 취재가 되겠는가. 회사의 역사와 제품에 대한 지식과 백그라운드까지 알고 있어야 그들을 대적할 수 있었다. 그것은 하루아침에 이뤄지는 것이 아니다.

15년 방송경력은 녹십자 홍보팀장이라는 직분에는 도움이 안됐던 것이다. 과거 보도자료집부터 읽으며 흐름을 익혀 나갔다. 보도자료를 쓰는 것도 직접 했다. 대개 팀원들이 작성해서 내게 올리는 것이지만 배우는 입장에서 연구원들을 만나 취재하고 보도자료를 쉽게 풀어쓰려고 노력했다. 홍보실을 통해 보도자료를 받던 입장에서 보도자료를 직접 만들게 될 줄을 몰랐다. 기자실에서 노트북을 열고 메일함을 열었을 때 수없이 쌓여 있던 '최기자님 보도자료입니다'라는 제목의 자료를 내가 지금 만들고 있었던 것이다.

보도자료를 만들다 보니 기자가 아닌 홍보에 몸을 담았구나 실감이 났다. 보도자료 쓰는 것은 취재해서 기사 쓰는 것과 과정이나 방식이나 동일했다. 새로운 제품에 대한 보도자료를 쓸 경우 제품담당 PM(Product Manager)에게 충분한 설명을 들었다. 그래도 부족할 경우 목암연구소 연구원들에게 물어봤다. 보충취재차 여러 차례 통화하다 보니 귀찮아 할 정도였다. 내용도 중요했지만 제목도 고심을 거듭했다. 기사에서 제목을 최대한눈에 들어오도록 만들어야 독자의 관심을 끌듯 보도자료 제목도 그렇게 잘 뽑아야 그것이 기사 제목으로 그대로 올라오기 때문이다. 보도자료 제목을 정하는 것은 편집기자의 시각에서 고민했다. 이렇게 자료를 만들면서 이것저것 뒤적이다 보면 자연스럽게 그 내용에 대한 충실한 공부가 이뤄졌다.

외부에서 기자들과 만나 대화할 때도 그 주제가 나오면 팩트까지 정확하게 기억해 내서 기자들에게 설명했다. 제품용량이나 용법 등 팩트에 근거해서 설명하면서 기자들도 신뢰하기 시작했고 나를 홍보파트 상대로 인정해 주기 시작했다.

홍보팀장 명함을 들고 중앙 일간지와 방송사 제약담당 기자들에게 인사를 하는 것으로 나의 존재를 알리기 시작했다. 우리나라에 언론사가 이렇게 많은 줄 몰랐다. 인터넷 전문지까지 포함해 백여 개에 달했다. 모두 일일이 찾아서 인사를 한다면 족히 몇 달은 넘게 걸릴 것 같았다. 인사라고 하는 것이 명함을 주고받은 뒤 가벼운 악수로 끝나는 것이 아니라 이제 '당신과 나는 때로는 우호적으로, 때로는 적대적으로 만나야 하는 아주 긴밀한 관계가 됐습니다.'라는 일종의 신고식이었다. 그런 의미깊은 자리이니 커피라도 한잔 마시며 서로에 대한 일종의 탐색전이 필요했다. 점심이나 저녁식사를 같이 하는 것도 방법이었다. 서로의 스케줄을 확인하고 약속을 잡다 보니 두 번의 점심식사를 한 적도 여러 번 있었다. 아는 얼굴도 있었고 심지어는 아나운서아카데미에서 나에게 배웠던 제자가 방송 기자가 돼서 극적인 해후를 하기도 했다. 어느 분야이든 대한민국의 인재 풀은 좁다. 직접 알지 못한다해도 한두 단계를 거치면 아는 사람들인 좁은 세상이다. 기자라는 직업과 그들의 업무 시스템도 잘 아는, 속칭 선수끼리의 만남은 상대에 따라 약이 되기도 했고 독이 되기도 했다. 즉 마음을 열고 선배, 혹은 후배님이라고 부르며 스스럼없이 대해주는 경우가 있는가하면 기자 출신이기에 만만치않은 상대를 만났다며 더 못되게 구는 경우도 있었다. 모 경제신문 데스크와의 식사자리에서 기자 출신이라고 인사를 했더니 대뜸 "기자 물을 빨리 빼세요."라는 말이 돌아왔다. 즉 나도 기자였는데 하며 동등한 관계라고 착각하지 말라는 충고였다. 기자 출신이라는 거만함이 나는 몰랐지만 남들 눈에는 띄었던가 보다. '당신은 이제 기자가 아닌 일개 제약사 홍보팀장이고 우리가 쓰는 기사에 따라 웃기도 하고 울기도 하는 존재일 뿐이다.' 과거는 빨리 잊고 이제 새로운 환경에 적응하라는 것이었다. 망치로 한 대 얻어맞은 것 같았다. 지난 15년은 다 지우고 직장 초년병처럼 새로운 마음가짐을 가져야 한다는 그의 충고는 맞는 말이고 고마운 충고였다. 그러나 새삼 내 자신이 무척 초라해지는 느낌도 들었다. 이제 나는 대접받고 잘 나가던 옛날의 내가 아니라는 것을 인정하고 받아들여야 한다는 사실에 적잖이 혼란을 느꼈다. 녹십자 홍보팀장의 신분으로 처음 알게 되는 기자들에게는 철저히 자세를 낮추기로 했다. 이미 기자시절부터 알던 기자들에게까지 그렇게 할 필요는 없었지만 말이다.

 커리어 리부트

iTV와는 불편한 관계였던 SBS 후배가 일본 특파원을 마치고 복지부 출입기자로 등록해서 10년 만에 다시 만났다. 통일부 출입할 때 옆자리를 쓰던 후배 기자였는데 이제는 신분이 바뀐 채 만나니 감회가 남달랐다. 그러나 편하게 지냈던 후배도 결국은 나의 필요에 의해 내가 상대해야 하는 '기자님'이었다. 어제까지 말을 놓으며 편하게 지냈던 후배가 이제는 '기자님'으로 불러야 하는 상황이 된 것이다. 물론 기자님이라고 꼬박꼬박 호칭을 붙이지는 않았지만 이전과는 달리 갑과 을이 된 것은 분명했다. 이처럼 전부터 알던 기자들은 홍보팀장인 나에게는 큰 지원군을 얻은 것같이 든든했고 또 실제로도 많은 도움을 줬다. 기자가 아닌 홍보맨의 위치에서 기자를 바라보는 것도 색다른 기회이고 공부가 됐다. 그러나 홍보분야 전문가도 아니고 홍보업무를 어떻게, 어디서부터 시작해야 할지 몰랐기 때문에 처음에는 실수도 있었다. 할 말 못 할 말을 구분하지 못해 말실수를 하기도 했다. 그러나 한 번의 실수를 다시 되풀이하는 일은 없었다. 기자생활을 통해 몸에 익힌 분석력과 회사와 관련된 지식이 보태지면서 기자들의 마음을 열 수 있었다. 그들에게 필요했던 것은 좋은 기사제목과 시의적절한 기삿거리였고 나는 그것을 어떻게 만들어주는지 잘 알고 있었던 것이다. 밥만 먹고 서로의 안부만 묻다가 헤어지는 것이 아니기 때문이다. 회사의 이미지를 좋게 하기 위해 회사관련 기사를 쓸 때 가급적 크게 나오게 하려고 애쓰고 반대로 회사에 부정적인 내용은 최대한 안 나오게 하려고 노력하는 것이었다.

홍보실 직원은 나를 포함해 모두 4명이었다. 과장과 대리, 사원이 있었다. 언론계를 거친 사람은 나뿐이었고 나머지는 녹십자가 첫 직장이었다. 그 가운데 P과장의 덕을 많이 봤다. P과장은 나이도 어린 직속 부하 직원이었다. 그러나 나보다 더 오랫동안 녹십자에 몸을 담고 있었고 홍보부서에서만 근무했기에 취재기자를 다루는 법도 능수능란했고 회사에 대한 정보 역시 나보다 많을 수밖에 없었다. 나의 스승이었던 셈이다. 그에게서 나는 물을 빨아들이는 스펀지처럼 그의 노하우를 하나씩 배워갔다. 오히려 그가 팀장이었고 나는 그에게서 많은 것을 새롭게 배우고 익혔던 것이다. 처음 P과장과의 인사 장면이 기억난다. 나에 대한 경계심이 컸던 것으로 기억한다. 기자 출신이라는 것에 대한 경계심이었던지 쉽게 가까워지기 어려웠다. 아마 며칠 못 버티고 그만둘지도 모른다고 생각했는지도 모른다. 현장 실무와 기초지식을 P과장으로부터 배웠다. P과장은 기자를 만나면 허리를 90도로 굽히고 형님이라고 살갑게 다가갔다. 어색하지 않고 아주 자연스러웠다. 기자 역시 오랜 친구처럼 스스럼이 없었다. 저것이 바로 홍보맨의 전형이다 싶었다. P과장은 그런 면에서 특히 장기를 발휘했다. 타고난 홍보맨처럼 보였다. 무엇을 맡겨도 능숙하게 일을 처리했다. 회사로서는 보배같은 직원인데 사내에서 크게 인정을 받지 못하고 있는 것 같아 안타까웠다. P과장도 지금은 녹십자를 나와 중견제약사 임원으로 재직 중이다. 상위 제약사 홍보맨의 모임이 있다. 어느 회사에 결원이 나면 서로 끌어주고 당겨주고 하는 이너서클 같은 것이다. 한번 홍보맨은 영원한 홍보맨이다. P과장은 기자 앞에서 90도로 굽혀졌지만 나는 뻣뻣했다. 90도는 커녕 40도도 굽혀지지 않았다. 기자 물은 어느 정도 빠졌지만 나이가 문제였다. 나이 어린 기자들에게까지 그렇게 몸을 낮춘다는 것은 팀장의 위치에서 어울리지도 않는다고 판단했다. 오히려 더 나를 높이는 전략을 썼다. 어느 상황이든 나 자신을 지나치게 낮추지 않는 것이 오히려 상대방에게 나를 높이는 전략이 될 수 있다는 것을 깨달았다. 건방지게 굴라는 뜻이 아니다. 비굴하지 말고 당당하라는 의미다. 사람들은 자신을 낮추는 사람에게 더 위압적이면서 가볍게 대하는 경향이 있다. 강한 자에게 약하고 약한 사람에게 강하게 대하는 것이 비겁한 사람의 속성이라고 하지만 현대인 대부분은 비겁하다. 강한 자에게 강하고 약한 자에게 부드럽게 대하는 것은 이상 속에서나 가능할지 모른다. 영원한 갑과 을의 세계인 기자와 홍보맨과의 관계는 강자와 약자의 구분만큼이나 뚜렷했다. 기자는 언제나 강자였고 홍보맨은 약자였다.

우리가 직장생활을 하면서 좋은 멘토를 만나는 것은 개인의 행운이고 복이다. 배우고 익혀야 할 것들, 좋은 것들은 지위고하를 막론하고 나이 어린 사람에게도 배워야 한다. 타인의 장점을 상대가 눈치 채지 못하게 내 것으로 만들었다. 그 장점이 내 것이 되고 익숙해지면 나만의 고유한 색깔을 띠게 될 것이다.

‖ 4 ‖

신종플루와 녹십자

"신종플루의 공포는 패닉수준이었다. 그때 한국에 녹십자가 있었다."

녹십자는 백신의 명가다. 1967년 설립 이후 백신과 혈액제제를 대표 상품으로 특화된 사업 포트폴리오를 구축했다. '만들기 힘든, 그러나 꼭 있어야 할 의약품 생산'이 녹십자에 흐르는 정신이다. 백신의 역사는 회사 설립 초기인 1969년으로 거슬러 올라간다. 일본뇌염백신과 디프테리아, 백일해, 파상풍 백신을 시작으로 백신사업에 뛰어들면서다. 2025년 4월에는 미국과 영국에 이어 세 번째로 탄저백신 배리트락스주 품목허가를 승인받으며 자국산 탄저백신 생산국이 됐다.

나는 2006년부터 2010년 3월까지 4년여를 근무했다. 녹십자 홍보팀장으로 잊을 수 없는 사건은 신종플루 백신의 공급이었다. 그것은 대한민국에서 유일하게 녹십자만이 가졌던 독점 기술력이었고 나는 회사의 홍보팀장으로 대외 언론의 소통창구를 맡았다. 2009년 신종 인플루엔자라는 생소한 말이 뉴스에 등장하기 시작했다. 조류인플루엔자나 사스 등의 공포를 겪었던 탓에 모두 긴장했다. 우리나라도 신종플루의 안전지대가 아니었다.

국내에서 지난 15일 신종플루 첫 사망자가 발생한 데 이어 하루 만에 또다시 두 번째 사망자가 나와 큰 충격을 주고 있다. 첫 번째 사망자는 이달 초 태국 여행을 다녀온 55세 남성이고, 두 번째 사망자는 63세 여성으로 감염 경로가 불분명한 '지역사회 감염자'로 확인됐다. 한국인의 경우 독특한 식문화 등으로 인해 신종플루에 내성이 강하다는 인식도 없지 않았지만 이번의 두 사망 사건은 우리나라도 더 이상 신종플루의 안전지대가 아니라는 사실을 일깨워준 셈이다.

2009년 8월 한국경제

신종플루의 공포는 패닉수준이었다. 이를 예방할 수 있는 백신은 모두 외국제품뿐이어서 국민들이 느끼는 공포는 갈수록 커졌다. 그때 한국에 녹십자가 있었다. 녹십자가 예방백신을 만들어 공급하지 않았다면 어떤 일이 벌어졌을까. 비록 큰 인명피해 없이 사그라들긴 했지만 예방약이 있다는 것과 없다는 것의 심리적 치이는 비교할 수 있는 것이 아니었다. 세계에서 3번째로 B형 간염백신을 개발한 이후 가장 분주했던 시기에 내가 바로 녹십자의 홍보팀장이었다. 기자들의 취재요청이 쏟아지는 것은 당연했다. 일일이 다 응해줄 수 없다 보니 취재기자들이 애원하는 지경이었다. 홍보맨이 을이 아닌 동등한 위치에서 기자들에게 제목소리를 낼 수 있었던 흔치 않은 순간이었다.

2009년 8월, 세계보건기구(WHO)와 신종 인플루엔자 바이러스에 의한 전

세계적 팬데믹(Pandemic) 상황에 적극 대응하기 위해 팬데믹 인플루엔자 백신 개발을 위한 공동연구 계약을 체결했다고 밝히는 보도자료를 냈다. 녹십자와 WHO는 향후 5년간 팬데믹 인플루엔자 백신의 연구 및 개발을 위해 상호 협력하게 된 것이다. WHO는 백신 연구와 임상시험을 위한 협력과 재정적 지원을 하고 녹십자는 백신 생산을 위한 연구 및 공정 개발을 담당하게 되는 것으로 일단 백신 생산을 위한 발판을 마련한 셈이었다. 회사는 영국 NIBSC(영국국립생물의약품표준화연구소)와 미국 CDC(질병통제예방센터)로부터 신종플루 바이러스 균주를 확보하고 백신의 대량생산을 위한 제조용 바이러스(working seed)를 제조해 신종플루 백신의 시생산을 마친 상태였다. 국내 사망자가 나오기 시작한 8월에는 이미 신종플루 백신 원액을 생산 중이었다. 팬데믹이란 생소한 단어가 언론에 등장하면서 익숙해졌다. 팬데믹 인플루엔자란 세계적으로 대유행되어 사람을 감염시킬 수 있는 전염성을 가지는 인플루엔자 바이러스를 말한다. 이 바이러스는 일반적 계절독감과 달리 불규칙적으로 발생하며, 한번 발생하게 되면 높은 치사율을 보였다. 1920년대 스페인 독감처럼 말이다. 대한민국의 신종플루는 녹십자라는 버팀목이 있었기에 큰 피해없이 지나갈 수 있었다. 뿐만 아니라 세계적으로 팬데믹에 잘 대응한 모범국가로 소개될 정도였다. 홍보팀의 하루가 바빠지기 시작했다. 거의 매일 보도자료를 작성해 언론에 배포했다.

녹십자가 국내 최초 개발에 성공한 계절독감 백신 및 신종플루 백신이 '2010 대한민국 10대 신기술'에 선정됐다. 지식경제부는 9일 서울 그랜드 인터컨티넨탈 호텔에서 2009년 이후 국내에서 개발된 신기술 가운데 기술의 우수성이 뛰어나고 경제적 파급효과가 큰 34개 기술에 대해 대한민국 기술대상을 수여하고, 그 중 상위 10위에 해당하는 기술에 대해 '2010 대한민국 10대 신기술'을 선정, 발표했다. 녹십자는 지난해 국내 최초이자, 세계 12번째로 계절독감백신 개발에 성공해 독감백신의 자급자족 시대를 실현하고, 이어 세계에서 8번째로 신종플루백신 개발에 성공해, 신종플루 판데믹에 성공적으로 대응한 점을 높게 평가 받아 '10대 신기술'에 선정됐다.

2010년 언론 보도

녹십자 홍보팀장으로 4년은 눈코 뜰 새 없이 바쁘게 지나갔다. 국민의 생명을 지킨다는 보건안보 차원의 사업으로 정부에서도 크게 의지하며 지원과 전량 매입 등을 약속했지만 예상보다 빨리 신종플루가 진정되자 정부 입장에 변화가 왔다. 국내 최초 신종플루 백신인 그린플루-S의 대량 생산물량이 재고로 남게 됐다. 2009년 정부는 그해 여름 1,300여만 명 분, 2,700만 도즈의 백신이 필요할 것으로 전망했지만 사태의 진정으로 실제 필요량은 급감했다. 녹십자 백신 600만 도즈를 사주기로 했던 정부가 예산 낭비라는 국회와 언론의 지적을 받자 태도가 바뀐 것이다. 녹십사는 그해 수백억 원대의 손실을 떠안을 수밖에 없었다. 수요 예측에 실패한 기업의 책임으로 전가할 수 있는 일은 아니다. 나라를 지키기 위한 안보에는 국방분야만 있는 것이 아니다. 식량의 자주권 확보차원에서 식량안보가 있고 전염병으로부터 국민의 생명을 지키는 보건안보가 있다. 예산의 낭비가 아니라 최소한의 투자이고 국민의 생명을 담보로한 안전 확보의 비용인데 근시안적 행정은 불확실성을 낳고 기업의 투자를 망설이게 한다.

‖ 5 ‖

위기대응

"홍보는 알리는 것도 있지만 감추기도 한다. 홍보팀의 주된 업무가 위기 관리다. 즉도록 고생하지만 잘해야 본전이다."

신종플루 백신으로 녹십자의 주가가 상한가 행진을 계속했다. 회사 입장에서는 속칭 돈방석에 앉은 것이다. 자사주를 보유하고 있던 직원들은 표정관리를 해야 했다. 사망자 발생 기사가 나온 다음 날, 녹십자 주가는 급등했다. 죽음이 곧 자신에게는 경제적 이득으로 돌아오는 불편한 상황이었고 국가적이고 세계적 재난상황을 이용해 돈벌이에 나섰다는 곱지 않은 시선을 피하기 위해서라도 녹십자 직원 모두 몸을 최대한 낮추고 겸손해야 했다. 그럼에도 불구하고 주위의 시샘과 질시는 커졌다. 홍보팀장의 대외적 활동에도 이런 분위기가 감지됐다. 결국 녹십자의 커다란 성공에 대한 본격적인 견제가 시작했다. 모 언론이 문제 삼은 것은 백신의 안전성이었다. 백신 1도즈는 유정란 1개에서 배양해 만드는 데 유정란의 품질을 두고 문제를 삼는 것이었다. 국민의 생명과 안전을 위한 알권리 차원의 접근이라고 하지만 기사의 답은 정해져 있었다. 불신을 증폭시키고 회사를 난처하게 만들었다. 궁극적으로 백신을 맞아야 하는 국민 불안을 키웠다. 이들을 상대하느라 홍보팀장은 며칠씩 시간을 뺏겨야 했다. 소모적이고 비생산적이었다.

녹십자는 무작위 샘플링 검사 1회, 전수검사 7회 등 모두 8회 검사를 통해 백신용 청정란을 최종 선별한다. 이 청정란에 바이러스를 주입하고 3일 동안 증식시킨다. 이후 청정란에서 수확한 바이러스를 약하게 만들면 백신 원액을 얻을 수 있다. 이에 대해 국회 보건복지가족위원회 소속 한나라당 Y 의원은 녹십자의 백신 생산 공장 실태 보고서를 통해 "식약청장이 국정 감사에서 9월에 실태 조사를 했다고 주장했지만, 개인적으로 조사한 바에 따르면 정식 GMP 실태 조사가 아닌 것으로 나타났다"라며 실태 조사가 제대로 이루어지지 않았음을 지적했다. 유일한 백신 생산 업체인 녹십자 외에 별다른 대안이 없는 정부의 입장을 감안하면 보건 당국과 녹십자의 주장이 객관성을 갖고 있다고 보기 어렵다.

(…중략…)

이 같은 문제 제기에 대해 최준묵 녹십자 홍보팀장은 "양계장과 부화장을 공개하는 것은 불가하다. 관리하는 인원도 최소로 줄이면서 위생에 신경 쓰는 곳에 외부인들을 출입시킬 수 없다. 다만, 국제적으로 손색없는 설비와 관리를 유지하며 청정란을 취급하고 있다는 점을 강조하고 싶다"라고 말했다.

2009년 12월 모 언론

호사다마다. 갑작스러운 스포트라이트를 주위에서 가만 두고 보지 않았다. 국민의 생명을 담보로 한 것이었기에 이 언론의 의혹 제기는 정당한 것이었다. 그러나 안전성을 설명하고 이해시키려는 제약사의 수고를 그들은 곧이곧대로 받아들이지 않았다. 백신은 우리 몸에 인위적으로 질병을 일으키는 물질을 투입해 면역 시스템을 활성화하는 원리다. 1980~1990년대부터 인플루엔자 백신 접종을 시작했지만 백신으로 인한 사망자는 끊이지 않고 발생한다. 백신 안전성의 검증이 완벽할 수는 없는 것이었다.

녹십자 홍보실이 타 제약회사보다 업무 강도가 세다는 것을 입사 이후 얼마 지나지 않아 알게 됐다. 제약업계에는 이미 평판이 자자했다. 이유는 간단했다. 동아제약이나 한미약품처럼 광고를 많이 하지 않았기 때문이다. 주고받는 것이 상례이거늘 언론사로부터 특별히 봐주거나 고마워 해야 할 존재가 아니었다. 회사를 흠집내기 위한 목적 하나로 쓰여진 악성기사도 많았고 그것을 삭제하기 위해 홍보팀장이 발로 뛰는 것이었는데 기자를 만나도 그들의 마음을 돌릴 무기가 없었다. 광고를 주고 댓가로 기사를 내려오게 할 선물 없이 빈손으로 나가야 했다. 그래서 어려웠다. 곧이 곧대로 팩트가 잘못된 부분이 있으면 설명하고 설득하고 그래도 안 되면 매달리며 봐달라고 부탁하는 것이었다. 악성기사를 쓴 기자 역시 회사에서 전략적으로 접근하는 것인데 사람 봐가며 빼준다 못 빼준다 얘기할 수도 없는 것이었다. 입장이 완전히 바뀐 것인데 나도 기자 때 저렇게 기업체나 공무원들을 힘들게 했었나 하고 돌아보게 됐다. 기업이나 정부에서 잘못한 부분이 있으면 확실하게 비판을 하는 것이 언론의 주된 기능이다. 그러나 비판의 목적이 다른 데 있다면 얘기가 달라진다. 광고를 뜯어내기 위한 목적성

                                              커리어 리부트

의 기사는 관계자들이 보면 대략 짐작할 수 있다. 뻔뻔하게 그런 기사를 쓴다. 수익을 내야 하기에 어쩔 수 없는 것은 이해하지만 당하는 입장에서는 속이 탈 수밖에 없는 것이다. 내가 다시 기사를 쓰는 입장이 된다면 절대로 저런 식으로 업체를 애 먹이지 않겠다고 다짐할 정도로 나를 곤란하게 만들었다. 우리처럼 광고가 없는 곳과 달리 광고를 많이 하는 다른 제약사의 홍보실은 분위기가 달랐다. 회사에 대한 악성 기사가 적었고 기사가 실려도 금방 사라지고는 했다. 사소한 문제들이었고 웬만하면 다 덮고 넘어가는 것이었다. 부러웠지만 그렇게 바꿀 수 있는 것도 아니었고 소위 악플러를 어떻게 관리하는지를 터득하는 것이 급선무였다.

대외적인 PR업무만 하는 것이 아니다. 대내 홍보업무도 많았다. 그 가운데 힘들었던 부분이 신년사와 창립 기념사, 그리고 주주총회 인사말 작성이었다. 시무식의 핵심은 신년사 발표다. 대부분의 직원이 회장의 메시지를 메모한다. 신년사 작성이 까다로웠다. 오너의 시각에서 바라보는 한 해의 결산과 전망은 내가 보는 시각과 커다란 차이가 있었기 때문이다. 매년 연말이 되면 회장실로 불려가 긴 시간 마주 앉아 회장의 구술을 받아 적었다. 생각나는대로 말씀하시는 메시지를 연설문으로 작성하면 수정하고 또 수정하는 작업을 수차례 거쳤다. 인내와 끈기가 요구되는 작업이었다. 첫 신년사를 쓸 때는 아예 감조차 잡을 수 없었다. 전년 신년사를 비교해 대략적으로 써봤지만 작년과 올해는 상황이 달랐다. 무용지물이었다.

우선 과거의 전임자들이 썼던 자료들을 꺼내어 그분의 글 성향을 파악하는 것으로 접근을 시도했다. 글이라는 것이 주관적 평가이다 보니 상대를 인정하고 존중하게 되면 같은 글이라도 보는 눈이 달라지게 된다. 상대에 대한 판단 기준이 없을 때는 평가가 인색해지는 법이다. 가령 문단에 등단한 작가가 쓴 글은 권위있는 기관이 잘 쓴 글이라고 인정한 것이니 평가가 후해지지만 무명씨의 글은 잘 쓴 글이라고 하더라도 어딘지 허술해 보이는 것 같으니 말이다. 두 번째는 주요 언론의 사설을 보고 익히는 것이었다. 유력 언론의 신문 사설은 최고의 문장가들이 쓴다. 특히 모 신문에 실리는 글은 까다롭기로 유명하다. 경제사회분야에 대한 식견을 넓히는 것과 함께 필력이 뛰어난 논설위원의 사설은 그 자체가 글쓰기의 훌륭한 교본이 됐다. 사설에서 주요 표현들을 베껴 썼다. 보고 익히다 보니 나중에 내 것이 됐다.

연설문의 작성은 방송 기사 쓰는 것과 다른 차원이었다. 방송 기사는 중학생들이 이해할 정도 수준의 쉽고 평이한 단어로 구성된 문장이다. 기사는 쉽게 쓰라고 배웠고 또 어려운 말도 이해할 수 있도록 풀어썼다. 그러나 지금 필요한 글은 수준이 달랐다. 금시초문의 사자성어가 들어가고 품위있고 격식있되 문법적으로 틀리지 않아야 했다. 진입 문턱이 높았다. 학원이 있다면 배우고 싶었다. 회장의 의중을 간파해서 의도하는 메시지를 담아야 했다. 신년사를 읽고 별 말씀이 없었다는 피드백은 한참 뒤에야 들을 수 있었다. 어려운 고비를 하나 넘긴 것이다.

녹십자 본사는 교통체증으로 악명높은 용인 풍덕천4거리에 있다. 처음에는 승용차를 이용해 영동고속도로 남동IC로 진입해 동수원이나 용인에서 빠져서 국도를 이용했다. 그러나 교통체증이 극심했다. 유류비와 고속도로 통행료도 부담이었다. 6개월를 버틴 끝에 결국 셔틀버스를 타기로 했는데 이것이 지옥 문을 여는 것이었다. 인천 연수구에서 새벽 6시, 강남역

                                          커리어 리부트

으로 가는 광역버스 첫차를 아파트에서 탔다. 1시간여를 달려 교대역과 강남역, 그리고 양재역을 거치는 순환버스였는데 회사 셔틀버스는 교대역에서 7시 20분에 출발해 양재역을 거쳐 용인으로 가는 노선이었다. 간혹 버스가 밀려서 셔틀버스를 놓칠까 봐 조마조마했던 것이 한두 번이 아니다. 서초역에서 교대역까지 짧은 구간이지만 체증이 심한 곳이다. 막힌다고 느끼면 아예 서초역에서 내려 교대역까지 전력질주를 했다. 간신히 셔틀버스를 타서 회사 도착하면 8시 10분이었다. 상쾌하고 산뜻하게 업무를 시작해야 했지만 이미 지쳐버렸다. 새벽 5시에 일어나 6시 첫차를 타고 8시 10분에 도착하는 강행군을 5년 동안 했다. 젊었으니 가능했겠지만 지금 생각하니 아찔하다. 퇴근은 더 고역이었다. 셔틀버스가 양재역에 내려주는데 기다리는 9201번 버스는 그곳이 마지막 정류장이라 서서 갈 공간조차 없었다. 간신히 비집고 들어가 1시간을 달렸다. 한때 고속도로를 달리는 노선버스의 입석을 제한하는 조치가 시행됐었다. 안전상의 이유였지만 현장을 모르는 전형적인 탁상행정이었다. 2층 버스가 진작 도입됐어야 했다. 집에 도착하면 9시가 넘었다. 몸은 출근 직후보다 더 파김치가 됐다. 죽을 것처럼 힘들었다. 유능한 자는 집 근처에 직장을 얻고 무능하면 회사 옆으로 이사를 한다. 이사를 하던가 회사를 그만두든가 양자택일의 순간이 다가오고 있었다.

홍보는 알리는 것도 있지만 감추기도 한다. 홍보팀의 주된 업무가 위기관리다. 회사에 위기상황이 발생하면 그에 따른 위기대응 시스템, 즉 리스크 매니지먼트가 가동된다. 가장 먼저 필요한 것은 언론을 비롯한 외부에 대한 사측의 One voice, 즉 통일된 목소리를 내는 것이다. 각종 SNS가 발달한 상황에서 특히나 사측의 입장과 다른 개별 의견이 표출되면 나중에 수습이 어려워진다. 그러기 위해 대변인이 필요한 것이고 홍보실장이나 팀장이 맡게 된다. 기업에는 위기대응 매뉴얼이 있다. 매뉴얼은 사건사고가 터졌을 때 우왕좌왕 허둥대며 초기 골든타임을 놓치지 않게 하는 주요한 장치이다. 아울러 잘못을 시인하며 진솔하게 사과하고 재발방지를 약속하는 것도 위기대응의 한 방안이다. 잘못을 감추고 덮다가 마지못해 하는 사과는 또 다른 논란의 불씨가 된다.

<단계별 위기 대응 기본시스템 가동 방안>

1단계 시스템 구축

위기대응팀 및 이슈 screening 시스템 구축

§ ICT(Issue Control Tower) 구성

이슈와 관련된 의사결정을 할 수 있는 핵심인원으로 구성하고, 이슈 전개 양상에 따라 실무, 현장 대응팀을 추가로 구성한다.

§ 위기관리 교육

이슈에 대한 이해 제고와 효율적인 대응을 위해서 이슈대응 원칙, 대응절차 등에 대해 공유하는 위기관리 교육을 진행한다.

§ 외부 전문가 관리

이슈 상황에서는 당사자인 기업보다 제삼자인 전문가의 의견이 객관성과 신뢰성을 갖는 경우가 많다. 따라서, 제품 및 예상 이슈별로 기업의 입장을 지지하는 전문가그룹을 사전에 확보해야 한다.

2단계 정보 수집

다양한 정보원을 통한 이슈 추적 준비

§ 정보 관리

언론보도, 현장상황 등에 대한 정보가 원활히 공유되어, 잘 활용될 수 있도록 정보공유 시스템을 운영한다.

§ 미디어/SNS 모니터링

TV, 신문 등 미디어 보도를 꼼꼼히 체크하며, 인터넷을 비롯해 social media에 게시되는 정보를 모니터링한다.

§ 현장 모니터링

세일즈 현장 상황에 대해 실시간으로 모니터링하고 정보를 공유한다. 현장에서 보고된 정보에 대해 사소한 내용이라도 절대 간과하지 말고 민감하게 대응한다.

3단계 이슈 준비

발생 가능한 이슈의 대응 전략 구상, 시나리오 준비

§ 대응전략 논의

이슈 시뮬레이션을 통해 이슈관리 목표 및 전략 설정, 법적·행정절차상의 대응방안 및 실행방안을 수립, ICT와 실무대응팀의 명확한 역할 규정, 대변인 선정 등의 구체적 방안을 수립한다. 또한, 대응절차와 대응팀 연락망 점검, 준비문서 목록 점검 등 위기관리 대응체계를 갖춘다.

§ 이슈 및 위기 대응 매뉴얼 점검

이슈는 끊임없이 변화하므로 상황변화에 따라 매뉴얼 상의 실행방안 및 프로세스 등을 점검한다.

§전문가 자문

이슈 발생 시, 필요에 따라 전문가 인터뷰를 진행하여, 이슈에 대한 외부 의견 청취 및 대응전략 및 실행방안에 대한 자문을 구할 수 있도록 준비한다. 또한 제3자 대변인 필요 시 활용할 수 있는 자문위원을 확보한다.

§미디어 트레이닝

언론문의에 효과적으로 대응할 수 있도록 대변인 혹은 필요 시 제 3자 전문가 포함 선정하여, 대변인을 대상으로 메시지/미디어 트레이닝을 진행한다.

회사의 커다란 손해를 입힐 수 있는 기사가 다음 날 지면에 실리게 되는 경우를 가정해 보자. 사전에 취재기자를 통해 내용을 파악했고 그들을 찾아 충분히 설명하려 했으나 불가항력인 케이스가 많다. 홍보 임원으로부터 목숨을 걸고 일하라는 말을 자주 들었다. 메인뉴스에 나올만한 대형 악재가 터졌다. 방송사에 들어가 편집하지 못하게 지키고 신문사 윤전기에는 모래를 뿌리라고 했다. 편집을 방해하기 위해, 아니 취재기자에게 다시 한 번 사정하기 위해 방송사에 들어갔다. 물론 받아들여지지 않았다. 그런데 메인뉴스 1차 큐시트에 잡혀 있던 것이 다행히 다른 뉴스에 밀려 방송되지 않았다. 모래를 들고 신문사에 난입하는 불상사는 없었다. 아마 그랬다면 다른 제목으로 1면에 실렸을 것이다.

2010년 3월까지 햇수로 5년 동안 제약회사 홍보팀장으로 갑과 을을 넘나들었다. 남양유업 사태와 땅콩회항 논란까지 갑질 논란의 끝장을 다 지켜봤지만 홍보맨 앞의 기자만큼 갑질의 끝은 없다. 기자 앞에서 한없이 작아지는 존재가 기업체 홍보 담당자들이다. 운전하면서 혼자 펑펑 울었다는 녹십자 홍보 담당 임원의 토로는 결코 남의 얘기는 아니었다. 기업에서 가장 곤혹스러워하는 악성기사는 오너나 CEO 리스크 사안이다. 폭행을 하는 등 갑질이나 스캔들이 터지면 삽시간에 도배되다시피하고 쉽게 꺼뜨리기도 어려운 핵폭탄급이다. 오너가 불편하니 어떡해서든 막거나 기사 양을 줄여야 하는데 언론이 이를 쉽게 놔주지 않는다. 모 재벌그룹의 홍보팀장은 오너 리스크가 터지면 1주일은 집에도 못 들어가고 고생했다. 위기관리는 홍보업무의 또 다른 이면이다. 특히 녹십자는 적십자 혈액을 원료로 한 약을 판매하면서 적십자 혈액의 부실한 관리가 문제가 되면 덩달아 이슈가 됐다. 녹십자가 제조 과정에서 문제가 발생한 것이 아님에도 국정감사장에 증인으로 불려나와 TV생중계로 망신을 당했다. 증인 대상에서 빼려고 보건복지위원회 의원실에서 살다시피 했지만 피할 수 없었다. 홍보 및 위기관리 업무 담당자는 회사에서 죄인이 되고 만다.

경영상 위기가 찾아오면 제일 먼저 삭감하는 예산이 광고비 축소에 홍보담당자 구조조정 건이다. 홍보담당자가 이를 감지하고 선수를 치기도 한다. 즉 기자에게 회사에 안 좋은 기삿거리를 주고 예산도 살리고 자신도 살아남는 것이다.

홍보를 하면서 힘든 것 가운데 하나가 술 접대였다. 술에 약한 탓에 정신력으로 버텨내야 했다. 5년 동안 마신 알코올 성분이 아직도 체내에 남아있는 것 같다. 오죽하면 술상무라고 했을까! 당시에는 끔찍했다. 술고래들을 상대하는 일이 잦았다. 소주와 맥주를 섞은 소맥은 그나마 견딜 만했지만 양주를 섞은 양주폭탄은 고문이었다. 주당들은 잔이 비는 것과 채워져 있는 두 가지를 두고 보지 않았다. 속도가 빠르니 술에 약한 나는 혼절상태까지 갔지만 계산을 해야 하니 정신줄을 간신히 붙잡고 있어야 했다. 일주일에 많으면 두 번이었다. 새벽 2시에 집에 도착해서 다시 5시에 일어나서 출근해야 했다. 잠이 부족했지만 지각은 한번도 하지 않았다. 저녁 술자리가 많았다. 부정청탁 및 금품 등 수수의 금지에 관한 법률, 즉 김영란법은 2016년에야 시행됐다.

위기관리는 애환이 많다. 그런데 이러한 물밑 노력을 회사는 모르고 지나가는 일이 많다. 담당자가 잘 막아내서 언론에 기사가 나지 않으면 아무도 모르게 지나가게 되는 셈인데 문제는 수면 위에 오르지 않았기 때문에 회사에서는 그런 사건 자체가 있었는지 모른다. 반대로 회사에 부정적 기사가 실리면 홍보 담당자들의 무능을 질타하며 불호령이 떨어진다. 고생스럽지만 위기관리는 잘해야 본전이다.

‖ 6 ‖

사표를 던지다

"낯선 곳에 있다는 사실이 서글펐다. 사람은 자기가 하고 싶은 일을 하면서 사는 것이 가장 행복하다."

2008년 가을, 단풍구경으로 내장산을 처음 찾았다. 인산인해 단풍객들 속에 산길을 걷고 있자니 머리 위에서 헬리콥터가 요란한 소리를 내며 날고 있었다. MBC 방송취재용 헬기였다. 단풍객들의 얼굴 표정까지 담으려는 듯 아주 낮게 비행하면서 한참을 머리 위에서 맴돌았다. 많은 사람들이 두 팔을 치커들고 인사했고 나 역시 그런 인파 속의 한 명이었다. 그런데 순간 코끝이 찡했다. 내가 헬기에 타고 있어야 하는데, 물론 휴일스케치를 나올 정도의 위치는 훨씬 지났겠지만 헬기를 타고 휴일스케치를 나오는 기자가 한없이 부러웠던 것이다. 나는 지금 어디에 있는 것인가, 나는 뭐하고 있는 것인가 하는 자괴감에 갑자기 무슨 이유에선지 눈물이 났다.

출퇴근전쟁을 치르면서 낯선 곳에 있다는 사실이 서글펐다. 내가 있을 곳은 거기가 아닌데 내가 지금 왜 거기에 있나하는 생각이 들었다. 사람은 자기가 하고 싶은 일을 하면서 사는 것이 가장 행복하다고 하는데 나는 지난 15년간 행복하게 살아왔던 것이다. 행복의 순간에는 행복인 줄 모르고 지내다가 다른 위치에서 바라보니 그 순간이 진정 행복했던 것이다. 곱던 단풍도 그때부터 눈에 들어오지 않았다. 다시 그 시절로 돌아가고 싶었다. 뉴스 앵커석에 앉아 방송을 할 수 있을까? 나이는 들어가는데 나를 받아줄 방송사가 있을까? 간절하게 바란다고 모든 것이 다 이뤄지는 것은 아니지 않은가. 그럼 나는 어떤 것들을 준비하면서 마지막으로 한 번쯤 더 다가올 기회를 어떻게 잡아야 하는가. 녹십자 홍보팀장 시절, 방송을 하는 후배를 만나면 속으로 많이 부러워했다. 따지고 보면 방송에 대한 미련은 녹십자 시절 내내 지속됐던 것이다. 다시 내 천직으로 돌아가야지 하는 생각이 5년 내내 머릿속을 떠난 적이 없었다.

홍보팀장 시절에도 내 관리는 철저히 하려고 노력했다. 꾸준히 운동을 하지 않으면 형편없이 살이 찌고 배도 나오는 것을 경계해 늦은 시간 퇴근한 뒤에도 운동을 하고 잠자리에 들자는 내 약속을 지켰다. 뉴스는 모니터링 위주로 방송 감각을 잃지 않으려고 노력했다. 제약업체에 근무하다 보면 오로지 관심은 제약분야 쪽으로 쏠리는 게 당연하다. 신문을 보더라도 제약면에 눈길이 먼저가고 방송뉴스를 보다가도 제약관련 소식이 나오면 집중을 하게 된다. 제약 쪽으로 관심의 쏠림현상이 생기지 않도록 나를 경계했다. 방송 선후배들과의 유대관계도 지속했다. 프리랜서로 나서기 위해서 웨이트 트레이닝이 필요했던 것이다.

한국정책방송 KTV의 〈정보와이드 6〉라는 프로그램을 맡아보겠냐는 제의를 받고 2010년 3월 녹십자에 사표를 쓰고 나왔다. 프로페셔널의 끝인 프리랜서 방송 진행자로 허허벌판에 선 것이다. 커리어의 챕터 하나를 끝내고 다음 챕터를 연 것이다. 그러나 녹십자라는 안정적인 직장을 그만두고 프리랜서의 비정규직이 되겠다고 했을 때 가족들의 걱정이 컸다. 하고 싶은 일을 하고 싶은 것도 컸지만 다른 이유도 있었다. 녹십자라는 회사에서 내 미래가 보이지 않았기 때문이다. 회사에서 내 위치가 취약했고 장래도 보이지 않았다. 제약회사에서 임원으로 승진하려면 세일즈부서나 의사나 약사 같은 전문가집단이어야 했다. 그것이 아닌 지원부서는 커나가는데 분명 한계가 있을 것이라고 봤다. 사장을 비롯한 임원들은 대부분 영업사원 출신이거나 전문직이었다. 홍보라는 업무가 특별히 자격증을 필요로 하는 분야도 아니었고 회사 업무를 파악하고 있고 대인관계가 좋으며 언변이 훌륭하다면 누구나 도전할 수 있는 분야였기 때문이다.

홍보팀장이었지만 내 직급은 차장이었다. 입사한 지 4년이 됐지만 회사를 나오던 그 해도 승진에서 누락됐다. 미래가 보이지 않았다. 홍보는 누구나 할 수 있지만 아무나 할 수 있는 것은 아니었다. 그러나 조직에서 전문 홍보맨에 대한 값어치를 제대로 평가해 주는 곳은 그리 많지 않은 것이 현실이다. 쉽게 들어왔나가 쉽게 아웃되는 자리가 홍보담당지였다. 제약회사 만년 홍보부장으로 내 인생을 끝낼 수는 없었다. 또 입사 면접 때 나를 뽑아주었던 허영섭 회장도 없었다. 아마 당신이 뽑은 내가 그만둔다고 했다면 회장실에 불려 올라가 한소리 듣고는 다시 마음을 돌려 잡았을지도 모른다. 하루라도, 한 달이라도 빨리 내 거취를 정하는 것이 회사나 나 자신을 위해서도 좋을 것이라는 결론이 나왔다. 빠져 나오기 위한 돌파구가 필요했다. 그러던 중 마침 선배에게서 방송 일을 다시 해보지 않겠냐는 제의가 들어왔다. 이 기회를 놓치면 다시는 방송으로 돌아갈 수 없다고 보고 결심했다. 회사 사표를 냈다는 사실은 일을 다 저지르고 난 뒤 아내와 아들들에게 말했다. 작은 아들이 예술고등학교에 다니고 있었는데 "나 대학 못 가는 거야"라고 물었다. 그런 일은 없을 것이라고 말해줬지만 여전히 걱정스러워하는 모습이었다. 아내는 할 말을 잃었다. 20~30대 젊은 나이도 아닌데 정규직의 안정된 직장을 버리고 제 발로 나왔다는 말에 놀랐던 것이다. 사전에 상의도 없었기에 황당했으리라. 그렇게 중요한 결정을 하면서 아내에게 상의조차 없었던 것에 미안했지만 이미 엎질러진 물이었다. 내가 제일 방송을 잘한다며 가장 든든한 지원군이긴 했지만 급작스런 결정에 가족 모두 할 말을 잃었다. 1991년 원주MBC 아나운서 시험을 치르기 위해 무역회사를 무책임하게 그만뒀듯이 이번에도 또 무책임하게 결정한 것이었다. 롤러코스터 같은 인생을 사는 것이 아닌가 생각이 들었다. 오르막과 내리막이 너무 가파르다. 오르막을 힘겹게 겨우 오르고 나니 갑자기 추락하는 것처럼 말이다. 나이가 먹으니 더 어지러운 것 같다.

직장 한 곳에서 입사와 정년퇴직을 맞는 운좋은 친구들도 많다. 큰 변화 없이 유유자적한 생활을 하는 친구들이다. 그들에 비하면 나는 변화가 많았다. 무책임하다고 말하긴 했지만 전혀 그런 것은 아니었다. 언제라도 방송을 다시 하라면 할 수 있도록 만반의 준비를 하고 있었다. 가장 큰 준비는 마음가짐이었다. 언제든 방송 할 기회가 주어진다면 완벽하게 뉴스리딩을 할 수 있게끔 자신을 관리해왔다. 목소리를 관리해 왔고 뱃살이나 얼굴에 살이 붙지 않도록 운동도 꾸준히 해왔다. 아주 미치도록 하고 싶었던 일을 4년 만에 다시 하게 됐다는 사실에 잠을 못 이룰 정도로 흥분됐다. 가족

 커리어 리부트

들의 걱정은 뒤로한 채 말이다. 어쩌면 나는 상당히 이기적인 것인지도 모른다. 이기적인 것을 자기발전을 위한 동력으로 삼으면 충분히 좋은 결과를 가져올 수 있을 것이다. 최초 목표가 달성되면 곧 또다른 지향점이 생기게 된다. 그저 취직만 하면 바랄 게 없을 것 같지만 현실에 그대로 안주하기가 쉽지 않은 것이다. 비록 지역방송이긴 하지만 MBC라는 지상파 방송사에 아나운서로 입사했다는 것만으로도 성취를 이룬 것이었다. 그러나 곧 새로운 도전 목표가 생겨나게 된다.

녹십자 홍보팀장을 그만두고 방송계로 돌아왔다. 돌아왔다는 표현을 쓰는 것은 녹십자 홍보팀장의 4년을 일종의 외도로 생각했기 때문이다. 막상 열망하던 일이긴 했으나 프리랜서라는 신분상의 불안정이 문제였다. 이미 실직이라는 쓴 맛을 봤기 때문에 신중해야 했다. 나름 계산은 있었다. 늦어도 2011년 출범할 종합편성 채널의 개국을 염두에 뒀던 것이다. 무작정 회사를 그만두는 무책임한 가장이 아니었다. 종편채널이 개국하게 되면 많은 수의 경력직 방송인의 필요할 것은 당연했기 때문이다. 2010년으로 해가 바뀌자 대한민국 방송계의 빅뱅이 시작됨을 알리는 뉴스들이 속속 등장하기 시작했다. 2010년 초, 정부가 방송법 시행령 개정안을 처리하겠다고 밝히면서 신규 종합편성·보도채널 사업자 선정 작업도 본격화할 전망이 나왔다. 정부는 종편채널 도입으로 미디어와 콘텐츠산업을 진흥하는 계기가 될 것으로 기대하고 있다는 설명도 덧붙였다. 방송계의 새바람이 불 것은 당연했고 많은 인력들의 이동도 예상됐다. 나도 그 대열에 합류하고 싶었고 그래서 다시 방송 현업으로 와야 했다. 누가 사업자가 되고 몇 개의 채널이 생길 것인지가 초미의 관심사였다. 왜냐하면 종편은 지상파방송은 아니지만 전국 시청권이고 뉴스를 포함해 드라마와 오락 등 모든 장르를 편성할 수 있다는 점에서 지상파와 동등한 영향력을 갖게 될 것이기 때문이었다. KBS와 MBC, SBS 지상파 3사의 시대는 이것으로 종언을 고하는 것인가도 지켜봐야 할 대목이었다. 지상파는 덩치만 큰 공룡같은 처지가 되어 버렸다. 여기에 넷플릭스나 디즈니 같은 OTT(over-the-top media service)가 등장하면서 지상파와 케이블채널을 따지는 것은 의미가 없어져버렸다. 그러나 결과적으로 나는 종편 채널에 들어가지 못했다. 최종면접을 봤지만 연락이 없었다. 부장급인 마흔다섯이라는 나이가 문제였을까, 아니면 4년을 떠나 있던 것이 걸림돌이 됐을까? 면접관인 편집부장이 나보다 후배 연차였다. 많은 채널이 생겼지만 어디도 갈 수 없었다.

KTV 〈정보와이드 6〉는 두 시간 동안 뉴스와 출연자 대담으로 진행되는 매거진 뉴스프로그램이었다. 물 만난 고기처럼 목소리에 활력이 넘쳤다. 4년여 동안 잠재돼 있던 방송에 대한 욕심을 원없이 쏟아냈다. 그러나 모니터에 비친 내 얼굴은 2004년 iTV 때와는 많이 달라져 있었다. 벌써 6년이란 세월이 지났다. 방송을 떠나 있는 동안 열심히 관리했다 하더라도 앵커의 얼굴은 사라졌다. 살도 많이 쪘고 헤어스타일마저 엉망이었다. 다이어트가 필요했다. 예전 그 시절로 돌아가기 위해 마음가짐도 새롭게 다잡아야 했다.

아월비 백!

‖ 1 ‖

롤 모델

"피터 제닝스는 얼굴에 주름살이 늘어나고 현실의 때도 묻혀 와야 했던 것입니다."

화려한 포켓스퀘어를 한 채 도시풍의 세련된 외모와 화려한 미성(美聲)으로 미국 뉴스를 주름잡았던 ABC 월드뉴스투나잇의 피터 제닝스. 그는 나의 롤모델이자 우상이다. 아나운서로 방송이 뭔지 조금씩 익혀가던 시절, 조금 게을러지거나 매너리즘에 빠진다고 느꼈을 때 AFKN방송을 통해 그의 뉴스 진행을 보고 있사면 다시 기운이 솟고 당장이라도 뉴스룸에 앉아서 뉴스를 하고 싶어졌다. 양쪽 어깨를 앞뒤로 가볍게 흔드는 특유의 동작과 눈썹을 올려 미간을 살짝 찡그리는 흉내까지 모방했을 정도다. 20년도 더 지난 화면이지만 지금도 유튜브를 통해 그의 뉴스를 찾아본다. 미국 3대 방송사 메인앵커로 미국민들의 절대적인 사랑과 지지를 받았던 그였지만 그는 미국인이 아닌 캐나다 태생이었고 대학도 나오지 않은 고졸 출신이다. 학벌이 먼저 거론되는 한국사회에서는 참 요원한 일이다. 캐나다 오타와의 챨튼대학을 야간으로 몇주동안 다닌 것이 학력의 전부였다. 미국 사회 역시 학벌은 존재한다. 학벌이 거론될 때마다 피너 제닝스 역시 화제를 바꾸느라 전전긍긍했다고 한다. 잘생긴 외모로 20대 젊은 나이에 앵커를 맡아서 뉴스를 읽었지만 곧 스스로 한계를 느끼고 자리를 박차고 나온다. 그래서 그가 선택한 것이 레바논 베이루트에 미국 최초의 상주지국을 열고 아랍세계의 전임 TV기자가 되는 것이었다.

“앵커의 가장 중요한 자질은 신뢰감입니다. 피터 제닝스의 경우도 얼굴에 주름살이 좀 늘어나고 현실의 때도 좀 묻혀 와야 했던 것입니다.”

미 ABC뉴스 사장 앨머 로어

뮌헨 올림픽에서 검은 9월단의 팔레스타인 테러분자들이 이스라엘 선수 11명을 인질로 잡은 사건이 발생했다. 그는 올림픽 선수촌에 유일하게 남아 있던 기자로 12시간동안 인질극을 벌이던 상황을 자세하게 보도했다. 아랍세계의 정통한 지식과 인맥을 동원해 훌륭한 보도를 해냈던 것이다. 그렇게 취재현장에서 잔뼈가 굵은 뒤 1983년 다시 앵커로 돌아왔다. 제 발로 앵커를 그만두고 나간지 16년 만이었다. 1938년생이니 그의 나이 만 45세였다. 취재현장에서 기자생활을 하고 앵커석에 앉으니 뉴스 진행이 편안할 수밖에 없었다. 그럼 그는 어떻게 학력 콤플렉스를 이겨내고 미국 최고의 앵커가 될 수 있었을까. 주변 사람들의 말에 따르면 그는 굉장한 독서광이었다고 한다. 지식인으로, 분석가로서 자신의 능력을 늘 불안해 했다고 한다. 그런 불안함으로 그는 늘 더 열심히 일하고 책을 읽고 계속해서 자신을 몰아붙였다는 것이다. 2005년 폐암으로 숨지기 전까지 22년간 ABC뉴스의 간판이었다.

MBC의 국민적 신뢰가 높던 시절, 그 신뢰의 바탕에는 뉴스데스크 엄기영 앵커와 아침 뉴스의 손석희 아나운서가 있었다. 엄앵커는 1988년 서울올림픽이 열리던 그해, 군 내무반에서 봤던 〈뉴스데스크〉부터였으니 자타공인 최장수 앵커였다. 기자 출신이지만 정확한 발음과 개성 있고 현장감 있는 앵커멘트는 시청자들의 높은 신뢰를 얻기에 충분했다. 그가 앵커석에 있음으로 MBC는 최고의 뉴스를 시청자에게 제공할 수 있었고 국민적 사랑을 받을 수 있었다. 아나운서 실기시험을 치를 때 앵커석를 노린다고 겁없이 큰소리쳤던 나였기에 엄 앵커에 대한 팬심이 컸다.

원주MBC에서 〈굿모닝코리아 강원〉뉴스를 진행할 때 서울에서 방송을 하던 손아나운서의 모습을 모니터로 지켜보며 중앙무대로의 진출하는 꿈을 키웠다. 흐트러짐 없는 뉴스멘트와 안정적인 목소리와 톤, 절제된 표정이 인상 깊었다. 지금은 뉴스앵커가 웃거나 찡그리거나 자연스럽게 표정을 지으면서 그 뉴스 아이템에 맞게 연출을 하지만 사실 전달자 입장에서 뉴스에 자신의 감정이 이입되는 것은 금기시되어 있었다. 슬프거나 분노하거나 기쁜 뉴스를 전할 때도 자신의 감정은 최대한 억제한 채 건조하게 팩트만 전달해 주는 것이 앵커의 기본 자질로 배웠기에 그의 드라이한 표정은 내게 지침이 됐다. 손 아나운서의 뉴스 리딩은 완벽했다. 멘트를 틀려서 엉키는 것을 본 적이 없다. 90년대 백지연 아나운서의 뉴스가 완벽했었는데 그 역시 못지 않았다. 뉴스를 완벽하게 소화해내는 그의 탁월한 방송진행 능력은 〈백분 토론〉이나 〈시선집중〉 같은 프로그램에서도 진가가 발휘됐다. 특히 인터뷰 도중 상대방의 허점을 놓치지 않고 집요하게 물고 늘어지는 인터뷰 기법은 나에게 좋은 교본이 되었다.

방송을 시작하면 누구나 되고 싶은 롤 모델이 생긴다. 저 사람처럼 방송을 하고 싶다는 욕심 같은 것 말이다. 그들의 방송을 매일 모니터하고 흉내내기도 하면서 자신의 스타일이 만들어간다. 그런데 롤모델의 음색이나 스타일이 나와 다르다는 것을 먼저 깨닫기 바란다. 나와 어울리지 않는다고 판단되면 과감히 버려야 한다. 또한 많은 모니터를 통해 여러 사람의 좋은 점만 닮아가기를 바란다. 그대로 흉내내기로는 아류라는 평가밖에 듣지 못한다. 원곡의 가수처럼 흉내내서 따라 부르려고 하지 마라. 내 목소리에 맞게 부르면 나의 노래가 된다. 드라마나 예능프로그램만으로 방송사 위상(스테이션 이미지)이 형성되는 것은 아니다. 방송계의 롤 모델뿐 아니라 다른 분야에서도 존경할 만한 사람을 정해 롤 모델로 하는 것이 좋다. 기자생활의 장점 가운데 하나가 유명한 사람들을 직접 만나서 대화도 하고 어울리기도 한다는 점이다. 그냥 흘려보내면 남는 것이 없겠지만 그들의 좋은 장점을 내것으로 하려고 노력하면 배우는 것이 많게 된다. 정치부기자로 민주국민당을 출입했다. 여의도 극동빌딩이었던 것으로 기억하는데 조순 당대표와 김윤환, 김상현 의원 등을 취재하며 노정객들의 마지막 정치에 대한 열정을 옆에서 지켜볼 수 있었다. 그중 조선일보 기자 출신이었던 김윤환 의원이 깊은 인상을 남겼다. 여의도 중식당에서 민국당 출입기자를 모아놓고 폭탄주를 직접 제조해 구수한 경상도 사투리로 기자 이름을 일일이 부르며 나누어 마시던 기억이 있다. 전두환과 노태우, 두 전직 대통령의 어릴 적 친구로 5공 시절 킹메이커로 불렸던 막후 실력자였다. 그러나 민국당을 만들고 활동하던 그때는 이미 그의 정치인생 마지막 불꽃을 태우던 시기였다. 대한민국 정치인 중 당대 최고로 손꼽히는 친화력으로 김영삼 정권까지 주요 직책을 맡으며 보수의 아이콘으로 불렸지만 2000년 16대 총선을 앞두고 이회창 총재에게 밀려 한나라당을 떠난 직후였다. 내가 그에게서 인상 깊었던 것은 그가 지닌 정치적 배경이나 힘 때문이 아니었다. 늘 눈웃음을 지으며 사람 좋은 매너로 정치적 반대편마저 무장 해제시키는 부드러운 카리스마 때문이었다. 음모와 배신, 술수가 일상이라는 정치판과는 어울릴 것 같지 않았다. 실제로는 대화와 협력을 명분으로 막후 밀실에서 야합하는 일본식 정치의 대명사라는 평가도 있지만 의회주의자로서 순리의 정치를 물흐르듯 했다는 호평이 지배적이다. 매너가 남자를 만든다는 영화 카피처럼 그는 멋쟁이 정치인이었다.

우리는 살면서 롤모델을 보고 흉내내며 따라간다. 나는 롤모델이 될 자격이 될까?

‖ 2 ‖

불편한 방송

"함량 미달의 방송인들이 있다. 개성 있는 방송이 튀는 방송으로 대접받고 인기도 끌지만 기초가 부실하다."

성격이 까칠하다는 말을 많이 쓴다. 까칠하다는 것은 원래 야위거나 메말라 윤기없이 거칠다는 의미인데 어느새 성격이라는 무형의 것에 쓰기 시작했다. 의외로 잘 어울리는 형용사가 됐다. 기자들 성격이 대체로 까칠한 편이다. 매사 의심하고 확인하고 답을 들어야 하는 직업적 습관 때문이다. 자기 분야에서 일정 정도의 지위나 위치가 되면 자신만의 독특한 색깔을 확실하게 지녀서 가치판단의 기준을 명확히 할 때가 있다. 잘못된 것은 과감히 지적할 수 있어야 한다.

아나운서의 기본은 뉴스리딩이다. 뉴스가 기초이고 모든 방송의 시작이다. 시작이 곧 끝이고 완성이다. 기초공사가 허술하면 사상누각이다. 뉴스를 제것으로 소화할 능력이 안되면 DJ나 MC, 리포터를 잘할 수 없다. 현역에서 방송하는 일부 진행자의 경우 뉴스의 기초가 안 돼 있는 경우가 가끔 보인다. 케이블 채널의 공채 MC 출신이라며 뉴스를 하는데 들어 줄 수 없을 정도로 기초가 엉성한 방송을 하고 있다. 주위에서 따끔한 지적이 담긴 모니터링이 부실했고 본인의 방송이 엉망인 것을 정작 본인만 모르고 있다. 오래동안 굳어진 잘못된 방송의 어조(語調, 어투)는 쉽게 고쳐지지 않는다. 잘 하고 싶어도 마음처럼 안되는 것이 방송 진행이다. 끊김없이 계속 멘트를 해야만 유능한 방송으로 착각한다. 방송을 오래하고 잘하는 아나운서들은 본인의 말을 최대한 줄이고 상대편이 편하게 길게 말할 수 있도록 배려한다. 아나운서와 기자를 거치고 프리랜서로 방송을 하면서 많은 후배들을 만났다. 지상파나 케이블채널 공채 출신도 있고 리포터로 출발한 경우도 있다. 기초의 차이는 방송하는 동안 계속 따라다닌다. 누구에게 어떤 시스템에 의해 교육을 받았는지가 평생을 좌우하게 되는 것이다. 리포터 출신 MC는 프로그램을 가볍게 진행한다는 느낌을 많이 받았다. 리포터로서 현장의 분위기를 통통 튀게 전달하다 보니 굳어진 것이다. 주제가 무겁지 않으면 이런 스타일의 방송진행이 무리가 없겠으나 경제나 외교안보 현안을 다룰 때도 그렇게 한다면 신뢰감이 떨어질 수밖에 없다. 당연한 것처럼 들리겠시만 본인의 방송스타일로 굳어지게 되면 쉽게 비꿔지 않는 것이 현실이다.

　후배들에게 가끔 쓴소리를 하기도 했다. 어미의 처리가 미흡한 경우가 특히 많았다. "~했습니다".라고 끝나는 문장에서 마지막 '다'의 발음이 귀에 거슬리는 것이다. '다'에서 한 음계를 내려 바람 빠지는 소리처럼 들리거나 반대로 한 음계를 올려 종결처리가 듣는 내내 어색하거나 거친 숨소리가 섞여 탁성이 나오기도 한다. 끊어읽기는 기본인데 엉뚱한 단락에서 쉬는 바람에 의미 전달이 안되기도 한다. 내용을 숙지하면 끊어읽기는 자연스럽게 정리되는데 기계적으로 끊어읽기를 체크하다 보면 간혹 이런 일이 생긴다. 까칠한 선배로 통했을지 모르겠다. 나의 모니터링을 고맙게 여기거나 반대로 주제넘게 나선다고 했을지 모른다. 문제는 한두 마디에 쉽게 단점이 고쳐지지 않는다는 사실이다. 쓴소리도 한두 번이지 계속할 순 없다. 그래서 초기에 제대로 된 스승에게 배워야 한다. 개성 있는 방송이 튀는 방송으로 대접받고 인기도 끌지만 기초가 빈약하면 롱런할 수 없다. 3년 차 이하라고 한다면 고쳐야 할 부분을 지적하는 쓴소리를 겸허히 받아들였으면 한다.

아나운서 아카데미에서 배출되는 엄청난 숫자의 아나운서 지망생들이 1차 목표인 지상파 방송사를 뚫지 못하면 그다음 단계로 케이블채널이나 종편채널로 목표를 낮추고 그것마저 안되면 지역 케이블이나 라디오 방송사에서 방송을 시작하게 된다.

기자뿐 아니라 PD도 앵커나 MC를 맡는다. 그러나 아나운서에 비해 훈련이 부족하기에 서툰 진행과 엉성한 발음이 그대로 드러난다. 다채널 다매체시대를 맞아 튀는 진행자가 많아졌다. 튀어야 사는 시대인가 보다. 우선 대체로 목소리가 크고 톤이 높아졌다. 무음으로 해놓아도 들리는 것 같다. 채널 경쟁이 심해지다 보니 시청자 확보를 위한 전략이겠으나 마치 속보를 전하듯 긴장감을 고조하는 전투적인 방송진행은 이곳이 전쟁터 같다는 느낌을 준다. 보수성향의 이 채널은 60대 이후 노년층이 주시청자층이다 보니 이처럼 강력한 스피커가 필요했다. 종편채널의 남성 진행자인데 지금도 이렇게 방송을 한다. 깜짝 놀라게 진짜 소리도 지른다. 이제는 그의 트레이

드마크처럼 돼 버렸다. 나긋나긋하고 부드러운 방송진행은 이 채널에 맞지 않는 것이다. 한 채널에서 목소리를 높이면 다른 채널도 덩달아 쫓아간다. 그러다 보니 다같이 언성이 높다. 소음공해다. 어느 여성 진행자도 억양 자체가 싸움을 하듯 하이소프라노다. 강하고 박력 있게 전달하기 위한 것인지 모르겠으나 이것 역시 편안하지 않았다. 말투에 겉멋마저 섞였다. 과유불급이다. 목소리의 톤뿐 아니라 애드립도 거침없어졌다. 이런 와중에 KBS 9시 뉴스를 보면 군더더기가 없다. 깔끔하고 정갈하게 차려진 밥상 같고 끝난 후에는 개운하기까지 하다.

iTV시절, 뉴스에 여러 가지 형태의 새로운 시도를 많이 했다. 기자가 걸어들어 오고 크로마키 앞에서 컴퓨터그래픽(CG)를 활용해 다양한 화면도 연출해 봤다. 호흡이 긴 심층리포트나 뉴스 중간에 대담방송을 하기도 했다. 그러나 앞서 언급했듯 메인뉴스는 군더더기 없이 깔끔하게 했으면 좋겠다. 대담이 길어지면 뉴스를 기다리다 다른 채널로 옮겨 가게 되고 효과가 많이 들어간 화면은 뉴스 내용에 대한 집중력을 떨어뜨리기도 한다. 대담이 메인뉴스에 들어가는 것은 핫이슈를 선점하고 깊이 있게 전달한다는 취시에서는 바람직하나 데일리로 굳어지면 부실한 아이템으로 시간 때우기라는 인상을 줄 수 있다. 언론사의 주관이 강하게 개입된 인터뷰나 정치적 성향의 쏠림현상이 느껴지는 뉴스는 보고 난 뒤 형평성 차원이라는 면에서 뒷맛이 개운치 않다. 마치 인공조미료만 잔뜩 집어넣은 식당의 찌개를 먹고 난 느낌처럼 말이다. 선배에 님 자를 붙이는 것은 원주MBC 입사 첫날부터 선배님들로부터 들었던 여러 지켜야 할 원칙 가운데 하나였다. 그러던 호칭이 기자가 되면서 바뀌었다. 님 자를 붙이지 말라는 것이었다.

어느 일간지의 경우 평기자가 국장, 부장으로 호칭한다. 기자가 되면서 님이라는 한 글자는 접어두기로 했다. 앵커를 하면서도 이런 습관은 유용했다. 즉 출연자가 장관이라고 할지라도 TV를 보는 시청자에게 장관님이라며 존칭을 넣어서 호칭하는 것은 맞지 않다. 예를 들어 스튜디오에 P장관이 출연했다.

오프닝 멘트: 우리나라 내년도 경제성장률 전망치가 당초 예상보다 훨씬 더 나빠질 것이라는 전망이 우세합니다. 최근 민간연구소들의 잇단 하향 발표 속에 내년 우리 경제 전망과 세계 경제 위기의 해법은 없는지 알아보겠습니다. P 기획재정부 장관 자리했습니다.

[장관님 안녕하십니까?]

시청자에게 소개하는 멘트에는 장관이라고 하고 정작 장관과 인사를 나눌 때는 장관님이라고 한다. 대통령이 출연해도 마찬가지다. 그의 직함만을 호칭해서 말할 때는 장관이나 교수, 박사 등 님을 붙이지 않지만 질문에 들어갔을 때는 '~님께서'라며 님을 붙인다. 출연자에 대해 소개할 때 "~를 모시고"라며 존칭을 쓰는 경우도 많다. 장관 같은 고위관료나 회장 등 지위가 높은 출연자가 나올 때 리드멘트에 많다.

가령 "오늘 청와대에서 고용노동분야 새해 업무 보고가 있었는데요, 자세한 내용을 고용노동부 장관 모시고 들어보도록 하겠습니다."

방송진행자는 국민을 대신해, 즉 시청자를 대신해 장관에게 물어보는 것이다. '고용노동부 장관에게 들어보도록 하겠습니다', 혹은 '고용노동부장관 자리했습니다.'라고 하면 된다. 언제부턴가 뉴스에서 '어르신'이라는 표현이 등장하기 시작했고 보편화됐다. 노인이라는 단어를 대신하고 있는데 어르신의 기준이 애매해서 나는 가급적 노인이라고 바꿔서 읽는다. 어르신이라는 단어가 들어간 앵커멘트를 읽고 뉴스화면을 보니 정작 주인공들이 60대 초반의 '젊은 어르신'들이었다. 어르신이라는 말이 남발되고 있다. 행사의 명칭이 '어르신 효도잔치' 등으로 구체화 돼 있는 경우가 아니라면 나는 노인이라는 단어로 바꿔서 읽는다. 어르신을 거부하는 이유는 어르신이라는 단어가 나이 든 누구에게나 붙여지는 것에 대한 거부감 때문이다. 나이만 들었다고 해서 아무에게나 다 쓸 수 있는 호칭이 아니라는 뜻이다. 간혹 나잇값 못하는 분들도 있다. 존경받을 만한 행동을 하거나 좋은 인품을 지닌 원로에게만 어르신이라고 한정해서 쓰고 싶다. 우리 주변에 진짜 어르신이 의외로 많지 않다. 교사는 많지만 스승이 적은 것처럼 말이다.

"오늘 순서는 여기까지입니다."라는 말도 많이 쓴다. 관용구처럼 쓰인다. 인터뷰 때도 "오늘 답변 여기까지 듣겠습니다."라고 말한다. '여기'가 어디인가. 마치 뒤에 질문이 많이 남았지만 생방송 시간 때문에 더 이상 진행하지 않고 남겨둔다는 미완의 인터뷰 같은 느낌이 든다. 뒤에 질문이 몇 개 더 남아 있지만 시간상 끊겠다는 섯이어서 개운하지 않다. 진행자들은 좀 더 고민해서 창의적인 새로운 멘트를 찾아냈으면 좋겠다. 종결어미를 '요'로 끝내는 멘트도 많아졌다. "대선주자들의 행보가 바빠졌는데요"라는 식으로 '요'로 끝나는 방송 기사 문장이 많아졌다. "대선주자들의 행보가 바빠졌습니다"라고 '다'로 종결되는 것이 딱딱하게 느껴졌는지 '요'라는 어미로 끝나는 문장이 많아졌다. 앵커멘트에도 종결어미를 '요'로 끝내는 문장이 많다. 어색해서 나는 바꾼다. 일상에서 쓰는 대화도 아니고 뉴스 문장에서 이런 표현은 가볍다는 느낌이 든다. 그리고 어설프게 '요'를 남발하면 입에 모래알이 씹히는 것 같다. 리딩이 좋은 기자가 읽으면 부드럽고 귀에 쏙쏙 들어와 전달력도 높다는 장점이 있지만 리딩훈련이 덜 된 신입들이 그러면 어색하고 이상하다. 좀 더 경륜이 쌓였을 때 써먹었으면 좋겠다.

방송에 임하는 태도와 자질이 부족한 방송인도 있다. 라디오 프로그램을 진행할 때다. 담당PD가 진행자인 나와 눈을 맞추지 않고 방송내내 뒤통수만 보인 채 핸드폰 게임을 하고 있었다. 자신의 방송시간인데 말이다. 두 시간 동안 자리만 지켜주고 있었다. 공채 아나운서의 자질도 내 보기에는 자격미달이었다. 지상파 공채 출신이 아니면 상대적으로 자질이 떨어질 것이라고 보는 나의 오랜 고정관념 탓도 있겠지만 남녀 1명씩 2명이 전부였는데 제대로 아나운싱 교육도 받지 못한 채 듣기 민망한 뉴스리딩을 하고 있었다. 남자 아나운서 뉴스는 1970년대 대한뉴스를 듣는 듯했고 여자 아나운서는 자기 멋에 빠져 허우적댔다.

공부를 전혀 하지 않는 방송인들도 있다. 10년 전에 썼던 멘트를 여전히 사용한다. 마치 처음 말하는 것처럼 말이다. 주변 담당 PD나 스텝들은 그가 공부하지 않고 고인 물처럼 정체돼 있다는 것을 다 알지만 정작 본인은 모른다. 쉴 새 없이 말을 하지만 내용은 건질 게 없는 방송인도 있다. 그가 말하는 것은 전파낭비인 것이다. 어째서 그렇게 쉬지 않고 말을 하냐고 물으니 방송 중에 단 몇 초라도 말이 없으면 방송사고라고 생각한다고 했다. 인터뷰이가 말을 안 하면 자신이라도 끊임없이 말을 해야만 된다는 강박증이 있었다. 그러다 보니 쓸데없는 말들이 쏟아져 나오는 것이었다. 시사 인터뷰를 진행하면서 말장난이나 농담을 한다. 일본 후쿠시마 원전사고로 방

 커리어 리부트

사능에 대한 공포가 전국을 뒤덮었을 때였다. 방사능 전문가가 출연해서 방사능 공포와 관련된 주제로 대담이 있었다.

"방사능 비를 맞으면 탈모가 된다는 말이 있는데, 저도 사실은 탈모로 고민이 많거든요. 진짜 방사능 비를 맞으면 그렇게 됩니까?"

방사능 공포로 불안한 시청자에게 방사능에 대한 정보를 전문가로부터 듣는 기회인데 MC 본인의 탈모 얘기를 하고 있다. 장대 높이뛰기 선수가 출전했지만 기대만큼 성적이 좋지 않았다. 미녀새로 불리는 선수였는데 높이뛰기에 실패하자 조류인플루엔자에 걸린 것 아니냐는 막말이 나왔다.

대담 프로그램을 진행하는 PD가 내용에 대한 숙지도 전혀 없이 단순히 화면을 넘기는 디렉팅만 하는 경우도 있다. MC들이 진행을 하다 놓치는 부분이 있으면 이어폰을 통해 이런 질문이 필요하다고 지적해 주는 게 PD의 역할인데 대담 내용 자체에 관심도 없이 카메라 커트의 지시만 내리는 것이다. 완성도 있는 인터뷰가 되기 위해서는 구성작가와 진행자, 그리고 PD의 호흡이 맞아야 하는데 무엇을 얘기하고 있는지도 모르는 상태에서 방송시작 3분 전에 들어와 "타이틀 스타트"만 외치는 PD도 있다.

경제 케이블 채널에 시사 대담 진행을 잘하는 여성MC기 있었다. 해당 주제에 대한 사전준비를 철저히 해서 원고에는 전혀 의존하지 않고 출연자의 대답을 듣고 또 궁금한 점이 생기면 추가적인 질문을 하는 등 대담의 흐름을 아주 매끄럽게 이끌어 갔다. 거칠거나 호전적으로 들리지도 않았고 상대방에 대한 예의를 지키고 절제하면서도 송곳 같은 질문은 다 해내는, 방송을 잘 하는 보기 드문 여성MC였다. 다만 한 가지, 남자MC와의 호흡이 문제였다. 사전에 주어진 원고에 없던 즉흥적인 질문이 많다 보니 두 MC의 질문이 겹치면서 충돌하는 일이 잦았다. 서로 말을 하려다 멈칫거리면서 눈치를 보는 어색한 장면이 수차례 드러나다 보니 열심히 하려는 자세로 비춰지기보다 경쟁의식이 넘치는 것처럼 보였다. 결국 이 여성 MC는 후에 종편 채널로 옮겨가서 단독진행을 했는데 제대로 물을 만난 고기처럼 자신의 독무대를 보여줬다. 문제는 이 유능한 여성MC가 빠지고 난 뒤 바통을 이어받은 여성MC였다. 출연자를 앉혀 놓고 마치 심문하듯 몰아세우며 자신을 돋보이기에 급급했다. 해당 프로그램 시청자 게시판에 들어가 봤더니 이를 성토하는 글이 많았다. 진행을 독차지하려는 욕심이 과해서였을까, 옆자리 신입으로 보이는 남자MC는 방송 내내 거의 말을 못하고 있었다.

　한 종편에서 정치평론가 출신이 뉴스 진행을 했는데 정치분야 이슈는 독점하다시피 진행을 했다. 남녀MC의 공동진행체제인데 여성 진행자의 존재는 사라졌다. 비록 자신이 잘 아는 전문 분야라고 할지라도 모든 진행을 독차지할 순 없다. 이 방송에는 유독 방송 자질이 부족한 아나운서들이 많았다. 혀 짧은 소리를 내면서도 메인뉴스를 하는 남자앵커가 있는가 하면 겉멋 부리기에만 바쁜 남자 아나운서도 있었다. 화면에 비치는 수트와 화려한 넥타이, 포켓스퀘어만 신경 쓰는 것 같았다. 뉴스앵커의 지나친 화려함은 시선을 분산시키고 내용에 집중하지 못하게 한다. 본업인 방송에서 최고가 아님에도 자신의 이름을 걸고 스피치 학원을 운영하기도 한다. 방송은 자신의 학원을 홍보하기 위한 도구처럼 보였다. 이런 방송인이 의외로 많다. 지방에서 아나운서로 이름을 알렸던 남자 아나운서는 오랫동안 지방방송을 한 탓인지 중앙에 올라와서도 버릇처럼 추임새를 계속하고 처음부터 끝까지 얼굴 가득 웃음을 띠고 출연자를 바라보는 등 저자세가 고쳐지지 않았

　　　　　　　　　　　　　　　　　　　　　커리어 리부트

다. 장관이나 고위공무원들이 출연하면 더 했다. 극존칭을 사용하고 굽신거리다시피 했다. PD가 보기 좋지 않으니 시정을 요구했으나 고쳐지지 않았다. 지방에서는 스타급 아나운서였다고 하는데 그런 식의 방송이 먹혔나 의심스러웠다. 대담내용을 미리 숙지하고 질문해야 하는데 앞에 놓인 질문지를 보고 읽는 MC도 많다. 내용조차 이해하지 못하는 것 같았는데 경력에 비해 방송의 질은 따라주질 못했다. 결국 방송을 그만두긴 했다. 오랫동안 방송을 했다고 해서 모두가 방송을 경력만큼 능숙히 하는 것은 아니다.

어떤 분야든, 무슨 일이든 잘하기 위한 본인의 노력이 없으면 절대로 성공할 수 없는 법이고 그 세계에서 도태되고 만다. 대학생들이 꼽는 선망의 직업 가운데 하나로 아나운서나 기자 등 방송직이 많다 보니 아나운서 아카데미나 스피치 학원이 많다. 대부분 현업 방송인이 운영하는데 나 역시 강사생활을 해보긴 했지만 방송을 잘하는 것과 남을 가르치는 것은 다른 얘기다. 방송을 잘하는 사람이 꼭 남을 잘 가르치는 것은 아니라는 것이다. 학원에 등록하려는 분들은 명성이나 광고 노출에만 의존하지 말고 원장이나 강사의 실제 방송을 보고 판단하기 바란다. 방송 현업을 학원 운영을 위한 간판으로 여기는 장사꾼도 있다.

‖ 3 ‖

생방송 체질

"고위직에게 돌발성 질문을 하고 뜻밖의 워딩(wording)이 나오면 그게 바로 뉴스다."

　생방송 〈정책오늘〉은 매일 저녁 6시 30분부터 7시30분까지 1시간동안 KTV를 통해 방송됐다. 30분은 정책뉴스, 나머지 시간은 대담 인터뷰로 채워졌다. 매일 두세 명의 출연자와 대담이 이뤄졌고 5년 동안 이어졌다.

　2011년 7월, 대학구조개혁위원회가 출범하면서 본격적인 대학 구조조정의 막이 올랐다. 당시 이슈의 중심에 섰던 대학구조개혁위원회 위원장과 대담방송이 진행됐다.

MC 국공립대학과 사립대학의 구조조정 문제를 논의할 대학구조개혁위원회가 지난 5일 첫 회의를 열고 본격적인 활동을 시작했습니다. 위원회는 앞으로 부실대학 판정기준과 절차는 물론 대학간의 인수합병을 비롯해 부실대학 퇴출 등 사립대 구조조정과 관련된 제반사항을 심사합니다. 또 국립대 선진화 방안과 통폐합 등도 함께 논의할 예정인데요. 대학구조개혁의 필요성과 기본원칙, 위원회 운영방향과 역할에 대해서 알아보겠습니다.

H대학구조개혁위원회 위원장 나오셨습니다.

MC 대학들이 많이 긴장할 것 같습니다. 어떻습니까?

H 긴장을 해야 할 때 아닐까요.

MC 지난 1일 출범을 했는데 먼저 출범이 갖는 의미, 또 어떤 역할을 하게 될지 말씀해주시죠.

H 출범하게 된 동기는 등록금 반값 문제로 출발이 됐습니다. 대학과 대학생의 등록금에 대한 지원이 이뤄져야 하는 게 아니냐, 더군다나 재정이 열악한 대학에 대해서는 고등교육에 대한 재정지원을 해야 된다라는 범국민적 여론이 형성됐습니다.

(…중략…)

MC 국립대 선진화와 통폐합 등도 중요한 문제인데 어떻게 방향을 잡았습니까.

H 국립대학의 경우도 양직인 구조조정뿐 아니라 질적변화도 필요하다고 생각합니다. 우리나라의 가장 큰 문제는 사립대와 국립대가 무슨 차이가 있고 왜 사립대는 국립대에 비해 등록금이 비싸냐인 것처럼 이 같은 질문에 국립대나 사립대, 그리고 정부가 답을 내놔야 한다고 봅니다.

MC 위원장님께 단도직입적으로 여쭤보면 우리나라의 퇴출되거나 정리되어야 할 대학이 어느 정도라고 보십니까.

H   아직까지 본격적인 시뮬레이션은 지표를 돌려보면 나오지만 단순
    산술적으로 본다면 뻔한 것 아니겠습니까. 60만 명 입학정원에서
    40만 명으로 입학정원이 감축되는데 20% 플러스 마이너스 되지 않
    을까요. 전국 350개 대학을 본다면 50개 대학, 이렇게 정리될 것 같
    은데요.

몇 개의 대학이 퇴출될 수 있을 것인가가 가장 궁금한 점이었다. 여러 답
변들 가운데 위원장에게서 듣고 싶은 부분이 이것이었다. 돌려서 묻지 않
고 바로 질문을 던졌고 다소 당황하던 위원장은 잠시 생각을 정리한 뒤 50
개 대학이 없어질 수 있다는 구상을 밝혔다. 인터뷰가 끝나고 출연자인 위
원장이 나가고 난 뒤 바로 기사를 써서 보도국에 건넸다. 이날 저녁 뉴스에
다음과 같이 방송됐다.

H 대학구조개혁위원장
"대학 350곳 중 20%, 50여 개 대학 퇴출 대상"

H 대학구조개혁위원회 위원장은 전체 대학 350여 곳 가운데 20%, 약 50여
개 대학이 퇴출 대상에 포함될 수 있다고 말했습니다. H위원장은 KTV 정
책와이드에 출연해 이같이 밝히고 감사원의 감사결과가 나오면 본격적으
로 대학구조개혁이 추진될 것이라고 말했습니다.

2011년 7월 KTV뉴스

생방송은 방송시간을 지켜야 한다. 대개 인터뷰 시간이 18분에서 20분

정도 주어지는데 출연자 성향은 둘로 나뉘어진다. 우선 아는 것이 많고 달변인 경우다. 방송에 출연해서 전달해야 하는 것이 많은 분들은 한 질문에도 4~5분씩 답변을 길게 하는 경우가 많다. 반대로 방송 출연이 드물어서 긴장을 하거나 말주변이 없는 분들은 30초도 안 되는 짧은 몇 마디로 답을 마친다. 시간까지 정확하게 조절하며 원하는 답만 골라서 맞춰주는 출연자는 극히 드물다.

MC입장에서는 짧게 끝내는 경우가 더 어렵다. 방송시간은 많이 남았는데 해야 할 질문은 몇 개 안 남게 되면 머릿속이 복잡하게 돌아간다. 담당 PD는 애드립 질문으로 시간을 채우라고 독촉하는데 그나마 평소에 잘 아는 분야이고 궁금한 것이 있었다면 보충질문으로 시간을 어떻게든 채우게 된다. 그러나 너무나 상식적인 내용들로 더 이상 질문한다는 것 자체가 민망한 아이템도 있고 아무리 추가 질문을 해도 역시 답변이 예, 아니오 수준으로 끝나버리는 출연자인 경우는 도리가 없다. 스태프들이 부랴부랴 시간을 채워줄 ENG구성물을 챙기느라 주조는 정신없이 분주하다. 진행자 귀에 꽂힌 이어폰으로 소란스러운 상황이 그대로 전달되고 어수선하다. 그러한 내색 없이 차분하게 출연자와 질문과 답을 주고받으며 시청자에게 정보를 하나라도 더 전달해야 한다. 앞에 소개한 원고의 질문도 10개 정도지만 중간에 궁금한 것들이 추가적으로 던져진다. 이명박 대통령과 원자바오 중국 총리가 정상회담을 갖고 일본의 우경화에 대한 우려의 목소리를 냈다는 뉴스가 앞서 보도됐다. 이런 내용을 출연자에게 보충해서 질문을 한다.

"오늘 이대통령과 중국 원자바오총리가 일본의 우경화에 대해 우려를 표시했는데 일본의 반응이 궁금합니다. 어떻게 보십니까?"

출연자에게 보내는 질문은 구성작가가 방송일보다 3~4일 전에 보내고 이에 대해 출연자와 질문에 대해 조율하는 과정을 거친 것이다. 그렇기 때문에 방송이 있는 당일 한중정상회담에서 이런 뉴스가 등장하는 것을 알지 못하는 것은 당연한 것이고 새롭게 추가돼야 할 질문을 미처 질문지에 넣지 못하는 경우가 대부분이다. 그럴 경우 미리 이 부분에 대해서 언급을 하진 않았지만 출연자가 동남아 국제정치전문가이기 때문에 사전에 없던 질문을 추가로 할 수 있는 것이다. 출연자 역시 이런 돌발성 질문에 대해 전혀 당황하지 않고 답변을 충실하게 해준다. 생방송 대담의 묘미는 이런 것에 있다 해도 과언이 아니다. 그러나 앞서 얘기했듯 아무 출연자에게나 통용되는 것은 아니다. 정말 주어진 원고의 질문 외에는 전혀 답변을 준비하지 않고 그럴 여유도 없는 출연자가 있기 때문이다. 직급이 상대적으로 낮은 실무 담당공무원들은 설령 답변을 할 수 있어도 방송을 통해 공개 가능한 것인지 여부를 순간적으로 판단할 수 없는 것이다. 그들의 고충이 거기 있다. 원고에 없던 질문에 본인이 판단해서 정책 관련 내용을 설명했다가 상급자로부터 심한 질책이나 심하면 징계까지 당할 수 있다. 미리 준비해 온 모범답안지인 원고를 보고 읽는 분도 많다. 시청자에게 설명하듯 말하듯 풀어내야 하는데 흔히 국어책 읽듯이 읽어내려가다 보면 본인이 무슨 말을 하고 있는 것인지, 진행자는 어디서 말을 끊어야 하는지, 시청자는 또 무슨 내용인지 엉망이 된다. 그런 분들에게 원고에 없던 질문을 하면 방송사고가 난다. 무슨 말인지 몰라서 당황하면서 말을 더듬고 불안해하는 모습이 그대로 방송에 나가게 되는 것이다. 출연자에 대한 예의가 아니다. 이럴 경우 궁금한 것이 있더라도 참는 수밖에 없다. A라는 질문에 대한 답을 해야 하는데

　　　　　　　　　　　　　　　　　　　　　　커리어 리부트

이분은 B를 읽고 있다. 앞의 경우는 아니지만 또 다른 방송 인터뷰 대본을
살펴보면서 방송인터뷰가 어떤 식으로 이루어지는지 살펴보자.

MC 지난 1일 한-터키FTA가 정식서명을 마치면서 석유화학, 자동차 부
분에 대한 수출전망이 나오고 있습니다. 한-EU FTA부터 한-터키
FTA까지 FTA로 경제위기를 극복하는 경제적 효과와 기대방안에 대
한 이야기 나눠봅니다. 한국대학교 B 교수와 경제정책연구소 C정책
실장 나오셨습니다.

1. 실장님. 지난 1일 한-터키 FTA 정식서명이 이뤄졌는데, 한-EU FTA부
터 한미, 한중, 한-터키 FTA까지 올해, FTA관련 성과들이 속속 나오
고 있는데, 한-터키 FTA가 우리에게는 몇 번째 FTA 체결이고, 어떤 의
미로 볼 수 있을까요?

2. 터키와는 올 3월 정상회담에서 협상타결을 선언했었는데, 한-터키 FTA
정식 서명 어떤 의미인가요.

3. 교수님. 벌써부터 한-터키 FTA 서명으로 '심유 식유화학, 자동차 부
분에 대한 수출'이 기대된다는 소식들이 들려오는데, 한-터키 FTA로
우리가 기대할 수 있는 경제적 효과는 어떤 것인지?

4. 교수님, 터키라는 나라가 유럽에서 두 번째로 큰 내수시장을 가졌다고
하는데, 터키 내수시장, 시장 잠재력은 어느 정도인가?

5. 실장님, 특히 전세계적인 경기침체로 선진국에 대한 수출이 주춤한 만
큼 FTA 체결을 계기로 신흥국 시장을 집중 공략하는 것이 우리에게는

어떤 기대효과가 있을까?

6. 실장님. 전세계 경제가 어려운데, FTA 체결로 경제 위기를 넘는다는 것이 가능한지? FTA 체결이 갖는 경제적 파급력은 어떤 것인지?

7. 교수님. 최근 EU, 미국, 일본 등 선진국 시장이 위축돼 있는데, 한미 FTA 발효 150일 정도 됐죠. 기대한 만큼 한미 FTA 발효 효과를 보고 있습니까? (대미수출이나 무역환경에 어느 정도 변화가 있는지?)

8. 교수님, 한EU FTA 발효가 된 지 벌써 1년이 넘었는데, 한-EU FTA 발효 이후에 EU 국가들의 한국 투자액이 60% 상승했다는 얘기도 나오고 있습니다. 우리나라 수출을 비롯한 무역환경에는 어떤 변화가 있는지?

9. 실장님. 지난 5월 한중 양국이 한중 FTA 협상 개시 공식 선언했는데, 현재 중국도 경제위기를 겪고 있죠. 한중 FTA 협상으로 인한 경제적인 효과 어떻게 기대해 볼 수 있을까요?

10. 실장님. 이명박 대통령이 한중 FTA 체결이 2년 내 가능하다… 한미 FTA보다 빠르게 진행될 수 있다… 이런 입장을 밝혔는데, 한중 FTA 논의 절차는 어떻게 이뤄지는 것인지?

11. 실장님. 한, 중, 일 FTA 실무협의가 이번 달에 실시된다고 하는데, 한중일 FTA 논의 절차가 어떻게 이뤄지고, 또 이번 실무협의는 어떤 의미인지요.

12. 실장님. 우리나라가 '한중 FTA'와 '한중일 FTA' 협상을 동시에 진행하게 되는데, 어디에 무게를 둬야 하는 것인지?

13. 교수님. 어려운 시기에 중소기업들의 경우 FTA 활용에도 전략이 필요할 것 같은데, 어떤 것들이 필요한지?

14. 두 분께 마지막으로. 한미, 한EU, 한중 등 FTA로 인해 무역환경이 빠르게 변하고 있는데, FTA 효과를 극대화할 수 있는 방법은 어떤 것인지?

2012년 8월 〈정책오늘〉

뉴스는 기자들이 취재해서 넘어온 것이니 내가 손볼 것이 없다. 그러나 대담 인터뷰는 다르다. 아무리 구성작가가 꼼꼼히 내용을 챙겼어도 시청자 입장에서 빠뜨리는 부분은 없는지 다시 챙겨본다. KTV는 정부 정책방송이라는 특성상 정치뉴스를 제외한 모든 뉴스를 다룬다. 인터뷰 역시 대통령 후보들에 대한 내용만 빼고 모든 내용이 다뤄진다. 경제와 국제정치, 외교와 국방, 학교폭력이나 다문화가정의 지원 등 다루는 주제는 폭넓고 다양하다. 뉴스에 등장하는 핫이슈도 다룬다. 그것을 제대로 이해하기 위해서는 인터넷에서 관련기사를 검색해보는 것 외에 깊이 있는 공부를 해야 한다. 인터뷰 질문지만 읽어보고 방송에 임한다는 것은 생각할 수도 없는 일이다.

각 분야별 싱크탱크인 정책연구원의 홈페이지를 찾아 연구원들의 리포트를 읽고 신문을 정독했다. 외교안보 분아는 세종연구소나 외교인보연구원에서 발행되는 리포트, 경제는 삼성이나 LG같은 대기업 사내 연구소뿐 아니라 대외경제정책연구소 등 국책연구소의 이슈 리포트를 챙겨봤다. 모 일간지를 집에서 구독했는데 출퇴근 전철에서 읽기 위해 한 부를 더 신청해서 봤다. 스마트폰에서 신문지면 그대로 서비스를 제공하고 있지만 옛날 방식을 고수했다. 나는 옛날 사람이 분명하다. 해당 신문에 익숙해진 탓인지 다른 신문은 단독처럼 다른 매체에서 다루지 않은 것이 있는지 확인하는 수준의 훑어보기다. 중앙일간지도 매체 수는 많지만 채워지는 콘텐츠는 다르지 않다. 신문별 특종이나 단독보도, 사설을 제외하고 기사가 거의 비슷하다. 그래서 한 신문만 보면 굳이 다른 신문을 정독해야 할 필요성을 느끼지 못한다.

출근길 전철 입구에 메트로 같은 무가지가 10여 개나 있었던 시절이 있었다. 신문사만 다를 뿐 대부분 기사는 붙여넣기 수준이었다. 나는 무가지를 언론이라고 여겨본 적 없다. 독자들 구미에 맞는 선정적 기사들로 채워져 있었고 지하철에서 내리는 순간 버려지는 휴지에 불과했다. 즉 연예인들의 신변잡기나 제품에 대한 광고 기사 등 기사 아닌 홍보로 채워졌기 때문이다. 전날 있었던 주요 정책 기사나 사건사고 기사는 요약해서 정리해놓는 수준이다. 물론 출근시간 붐비는 전철에서 가볍게 읽으라는 것은 이해가 되나 언론의 주된 기능인 비판기능이 없었다. 그래서 당시 나는 무가지는 보지 않았다. 그러던 차에 서서히 무가지가 문을 닫기 시작했다. 2013년 초 한 무가지가 폐간하면서다. 경영난이 이유였는데 결국 그만큼 독자들의 외면을 받고 있다는 것이다. 가장 큰 이유는 스마트폰이 등장하면서 더 이상 타블로이드판의 무가지를 읽을 필요가 없어진 것이다. 결국 무가지는 ICT 융복합의 미디어 컨버전스 환경에서 더 이상 매력없는 존재로 기억 속에서 지워져 갔다. 이렇게 무료 배포되는 신문에서 첫 기자생활을 시작해서 2~3년 경력을 쌓고 인터넷매체와 일간지, 방송사로 옮겨가면서 대한민국 기자라는 직업군의 하향 평준화가 시작된 게 아닌가 추론된다. 물론 이들 외에도 무수한 인터넷 매체와 전문지도 한몫했을 것이다. 언론고시라 불리며 기자가 되는 것이 쉽지 않았던 한 시대가 저물고 누구나 기자

커리어 리부트

라는 타이틀을 쉽게 가질 수 있는 시대가 열린 것이다. 무가지가 무너지고 2년여 뒤 세월호 참사가 발생했다. 부실취재와 오보가 쏟아지면서 기자와 쓰레기를 합친 기레기라는 신조어가 등장했다. 당시 언론의 취재 경쟁은 속보체제로 누가 빨리 어떤 새로운 이야깃거리를 쓰느냐에 달려 있었고 검증과 확인이 생략됐다. 수많은 언론사와 취재진이 몰렸다. 사건사고 현장에는 사회부 막내들이 나간다. 그들 가운데 기본조차 갖추지 않은 경력 n년 차들이 얼마나 많았을까?

방송을 위해 준비해야 할 것들이 많다. 방송시간에 겨우 맞춰 도착해 원고 한번 읽어보고 생방송 스튜디오로 가는 방송인도 있다. 나는 다른 방송 스케줄이 없는 한 늦어도 한 시간 30분 전에 도착해서 원고를 읽고 인터넷 검색도 한다. 같이 진행하는 여자MC 후배가 "선배는 언제부터 그렇게 질문을 잘 하셨어요?"라고 물은 적이 있다. 아직 많이 부족하지만 후배로부터 배울 만한 선배가 된 것 같아 기분은 좋았다.

정부 합동브리핑은 방송사 중계와 맞물려 정확한 시간에 관계자가 입장해 발표한다. 그런데 생방송은 늘 예기치 못한 일이 벌어지고는 한다. 2014년 경제운용정책을 발표하는 부총리의 생중계가 잡혔다. 그런데 경제부총리가 연단에 등장하지 않았다. 당초 약속되었던 발표시간이 기약 없이 늦어지고 있었다. 현장의 어수선함과 혼란스러움이 그대로 화면에 전달됐다. 대개 이런 브릿지멘트 정도만 하는 방송에서는 진행자가 오프닝멘트 한 줄 들고 들어와 발표자가 연단에 나오면 바로 현장 화면으로 넘기게 된다. 그날도 그럴 심산으로 제대로 챙겨보지도 않고 있었다. 이렇게 많이 지연될 줄 애시당초 몰랐다. 2분 정도 지날 즈음에는 벌써 똑같은 오프닝멘트를 다섯 번 되풀이 하고 있었다. 방송에서 2분은 정말 긴 시간이다. 목소리에 힘이 빠지기 시작했다. 방송 들어 오기 전 관련기사를 검색해 간단하게 메모해 놓은 것으로 멘트를 만들어나갔다. 아무 멘트가 없으면 방송사고다. 부총리가 읽을 정부 발표문이 프린트돼서 옆에 있었지만 주요 내용을 내가 먼저 읽는 것은 정부 발표에 대한 신뢰성 차원에서 예의가 아니다. 화면은 계속 텅 빈 발표장만 비추고 있었다. 더 이상 시간을 메꿀 재간이 없었다. 부총리께는 죄송하지만 정부 발표문의 주요 골자를 내가 먼저 말하기 시작했다. 그렇게 9분을 더 끌었다.

"부총리는 대체 언제 나오는 거야?"

정부 발표는 예정보다 무려 13분이나 늦게 시작됐다. 뉴스 프로그램이었다면 다른 아이템 내보내다가 다시 연결하면 되지만 이건 특별생방송으로 아무 쿠션도 없었다. 13분을 혼자 버텨냈다.

2012년 8월 이명박 대통령이 헌정 사상 처음으로 독도를 찾았다. 긴급대담으로 독도학회장인 서울대 S명예교수와 인터뷰가 마련됐다.

[왜 전직 대통령들은 독도를 방문하지 않았을까요?]

"그것은 그분들에게 물어봐야겠지요…."

[?…….]

한 호흡 가다듬고 다음 질문을 던진다.

[광복절을 앞두고 전격적으로 이뤄진 대통령의 독도 방문 배경이 뭘까요?]

"그건 청와대에 물어보셔야겠지요…."

[?…….]

　　　　　　　　　　　　　　　　　　　커리어 리부트

두 번째 답변도 얻어 맞은 기분이었다. 멘탈이 무너질 것 같았지만 부여잡았다.

[일본이 많이 당황한 것 같습니다. 향후 일본의 대응이나 반응은?]

"그것 역시 일본에 물어봐야겠지요…."

이것은 리얼이다. 인터뷰가 직업이지만 직업인을 당황하게 만든 대가(Meister)다. 대가라 칭하는 것은 어설픈 지식에 애매모호한 선문답으로 TV에 얼굴을 파는데 목적이 있는 부류를 적어도 몇 단계 넘어서는 분들이기 때문이다. 직업이 방송인인 나를 당황하게 만든다. 생방송 대담 프로그램에 출연해서 이처럼 대답하는 분은 방송 사상 쉽게 찾을 수 없을 것이다. 직업이 인터뷰인 나의 반응은 어땠을까. 무척 당황한 것은 말할 것도 없고 다음 질문이 보이지 않았다. 교수님이 전체를 이렇게 인터뷰를 한 것은 아니다. 좋은 말씀을 많이 해주셨지만 초반에 이런 대답은 대통령이 독도를 너무 늦게 방문한 것에 대한 만시지탄의 항변이었다. 그러나 그것은 그분의 뜻이고 진행하는 나나 주조정실에 앉은 PD나 어이가 없었다. 지금보니 큰 웃음이 난다. 그러나 당시에는 정말 아찔했다. KBS 김준석, MBC 정동영 기자 등이 1980~1990년대 긱사를 대표하는 생방송에 최적화된 베테랑 기자였다. 정동영 앵커는 삼풍백화점이 무너진 현장에서 10시간 가까이 생방송을 했다. 준비된 원고가 있을 리 만무다. 미국 방송에서처럼 카메라 앞에서 간단한 메모만 들고 생방송을 했다. 이들은 각자 회사의 이름을 걸고 자존심 경쟁을 벌이기도 했는데 시니컬한 웃음을 띤 김준석 기자는 정동영 기자가 생방송을 끝냈다는 얘기를 듣고 "그럼 나는 5분만 더 하고 끝내지."라고 했다.

이들 걸출했던 선배들에 비할 수는 없지만 나도 iTV에서 속보방송은 도맡아 했다. 9.11을 비롯해 이라크 전쟁, 김선일 사건 등이 기억에 남는다. 대선과 총선 개표방송도 했다. 무엇이, 언제부터 나를 이렇게 혼돈 속에서 차분함을 유지할 수 있는 사람으로 변모시켰는지 잘 모르겠다. 해도 될 말, 써서는 안 될 말을 가리는 것은 기본이다. 그리고 'ON AIR' 불이 켜지고 속보방송의 타이틀이 뜨면 그 순간부터 나는 정말 차분해진다. 주조정실에서 아무리 소란스러워도 나는 평정심을 찾고 아주 편안해진다. 나까지 흥분하면 방송은 엉망이 되니깐 말이다. 시청자들은 PD나 스태프들이 소리 지르고 방송 테이프의 순서가 뒤엉켜서 엉뚱한 화면이 나가고 프롬프터가 준비 안 된 것을 알지 못한다. 그저 내 얼굴만 보면서 내 목소리에 귀를 기울인다. 내가 시장터 같은 부조정실의 상황에 휩쓸려 말을 더듬거나 틀리거나 하면 내 진행에 문제가 있다고 판단할 것이다.

'저 앵커는 뉴스를 잘 못하는군….'

방송이 끝난 뒤 이 책임을 누구에게 전가할 것인가. 이미 방송은 내가 잘못한 것으로 끝난 상태다. 되돌릴 수 없다. 방송에서는 결코 남을 탓하지 말아야 한다. 모든 책임은 화면에 등장하는 내가 져야 하기 때문이다. 남 앞에 나서면 얼굴이 달아오르고 말을 빨라지면서 호흡도 거칠어졌던 나였기에 지금 나를 보면 나도 많이 놀랍다. 책을 많이 읽고 뉴스 흐름을 잡기 위해 신문을 정독하는 것이 그나마 눈에 띄게 했던 연습이랄까. 그렇게 모두가 어수선하게 정신없는 와중에도 차분하게 프로그램을 이끌어 가는 사람, 그것이 단어 뜻 그대로 앵커(Anchor 닻, 정신적 지주)다. 앵커가 흔들리면 배는 침몰한다.

　　　　　　　　　　　커리어 리부트

2011년 국토해양부 장관실에서 권도엽 장관과 인터뷰하고 있다.
(KTV화면 캡처)

‖ 4 ‖

인터뷰는 끄집어내는 것

"정곡을 찌르는 질문을 어떻게 할까?"

"프로그램을 살리려면 무난한 질문 대신 출연자가 난처해하는 질문을 던져야 합니다. 단, 진행자가 튀기 위해 출연자를 궁지에 몰아넣는 질문을 하라는 뜻이 절대 아니고요. 시청자가 반드시 알아야 할 것을 질문하라는 것인데요, 정부 관료나 출연자들은 자신들에게 불리한 내용이 포함된 민감한 질문은 되도록 피해가려는 속성이 있습니다. 그러나 정작 국민이나 시청자가 궁금한 것은 그 불편한 진실입니다. 출연자를 불쾌하게 만들지 않으면서 그 답변을 끌어내는 것이 진정한 프로페셔널 진행자의 몫인 것이죠."

한국정책방송 KTV 메인 뉴스 시사 프로그램인 〈정책오늘〉을 진행하며 실전을 통해 터득한 인터뷰의 방법이다. 지금까지 이 프로그램의 주요 코너인 〈와이드 인터뷰〉 출연자는 대략 7백여 명이다. 장·차관을 비롯한 대부분의 출연자들은 방송이 끝난 뒤 편안하게 인터뷰를 이끌어주지만 과감하게 핵심을 정확히 짚어내는 돌발 질문으로 생방송의 묘미를 제대로 느끼고 간다고 털어놓았다.

정곡을 찌르는 질문을 어떻게 찾아낼 수 있을까? 또한 출연자의 기분을 상하게 하지 않으면서 난처한 질문에 입을 열게 하는 노하우는 과연 무엇일까? 방법은 간단하다. 출연자의 말을 하나도 놓치지 않고 들을 수 있는 귀와 뉴스를 볼 줄 아는 눈을 가지면 된다. 그런데 방법은 간단하지만 그만큼 공은 들여야 한다. 출연자의 말을 알아듣는다는 것은 그 분야의 지식을 갖고 있어야 가능하다. 사전에 철저히 준비해야 좋은 인터뷰가 가능하다는 것이다. 알아야 질문을 할 수 있다. 답변으로 사람을 평가하지 말고 질문으로 수준을 파악하라는 말처럼 말이다. 상대방의 말을 들을 수 있는 귀와 아울러 뉴스를 보는 눈도 갖고 있어야 한다. 오랜 현장 취재기자의 경험을 토대로 겉으로 드러난 기사의 내용뿐 아니라 기사 이면에 깔린 배경과 그 기사로 인해 어떤 파장이 일 것인지까지 읽을 수 있는 눈을 가질 수 있다면 좋다는 의미다. 그래서 대체적으로 아나운서 출신보다는 기자 출신 앵커의 질문이 더 자연스럽고 내용의 맥을 잘 짚을 수 있는 것이다.

원자력안전위원회 출범 편

대통령직속 원자력안전위원회가 지난 26일 출범했습니다. 앞으로 원자력안전위원회에서는 방사성 재해로부터 국민들을 보호하고 공공의 안전과 환경보전을 위한 활동을 하게 되는데요. 원자력안전위원회의 활동사항 또 앞으로 남은 과제는 무엇인지 짚어보도록 하겠습니다.

원자력안전위원회 Y 부위원장 나오셨습니다.

[그저께 원자력안전위원회가 출범했는데 어떤 과제를 안고 출범을 하

게 됐는지부터 말씀을 해주시죠.]

"그 문제를 말씀드리려면 앞에 흐름을 조금 말씀 드려야 하는데요. 우리 나라에 1958년 원자력법이 시행되고 50년이 조금 넘었죠. 그런데 그 사이 에 원자력발전 역사도 30년이 넘었습니다. 규모로 보면 21개의 원전이 운 전 중이고 7개가 건설 중에 있습니다. 방사성 동위원소를 다루는 업체들 이 5천여 개 됩니다. 매년 10% 정도씩 증가를 하고 있습니다. 급증하는 추 세라고 말할 수 있는데 그런만큼 어떤 원자력이나 방사성물질을 이용하는 빈도는 산업발전이나 경제발전에 따라 계속 증가 될 수밖에 없다라는 게 선진국의 사례입니다. 원자력 안전의 중요성도 같이 강조가 되겠죠. 그래 서 우리나라 안전규제 체제도 발전해왔습니다. 사실 안전위원회가 발족되 기 이전 체제도 큰 틀에서는 발전사업은 지경부가 담당하고 안전규제는 교 과부가 담당하면서 분리가 돼 있는 형태였습니다만 다만 교과부에서 원자 력 종합진흥계획도 수립, 연구개발, 안전규제도 하고 있어 안전규제의 완 전한 독립은 아니지 않느냐 논란이 계속돼 왔고 공무원의 잦은 인사발령에 의한 이동이 잦다 보니 규제요원의 전문성 측면에서 논란이 있었던 게 사 실입니다. 특히 지난 3월 11일 후쿠시마 원전사고 이후 전국민들이 사고 파 장을 느끼게 되면서 원자력 안전에 대한 관심 또는 우려가 굉장히 높아졌 습니다. 그래서 미비점도 보완하고 국민들의 관심, 우려를 고려해서 원자 력안전위원회가 출범하게 된 것입니다. 안전위원회 과제는 출범 이전 과거 체제에서 논란이 돼 왔던 미비점을 보완하는게 우선이겠죠. 또 하나는 후 쿠시마 사고로부터 얻어진 교훈들을 반영해서 보강하는 게 또 다른 과제일 것입니다. 첫 번째 독립성 확보라는 측면을 많이 신경써야 됩니다. 독립성

                                                    커리어 리부트

이라는 것은 안전위원회가 모든 기술적 판단을 할 때 영향을 줄 수 있는 외부로부터의 영향에서 자유로운 상태에서 규제 결정을 할 수 있어야 한다. 그것이 가장 중요한 문제이고 두 번째는 그런 규제 결정과정이 국민들에게 가감없이 전달되고 투명하게 전달되고, 일방적인 전달이 아니라 양방향 소통을 원활하게 해서 국민들의 이해도를 증진시키기 위한 규제 투명성을 좀 높여야 한다. 이게 두 번째 과제입니다. 세 번째는 이런 모든 과정이 규제기관의 높은 전문성에 기반을 해야 한다. 그래서 규제기관의 전문성을 높이기 위한 것입니다."

[결국 외부로부터의 영향 말씀을 해주셨는데 원자력 관련기업이라던가 혹시 있을지도 모를 정치적인 외풍이라든가 이런 부분들로부터 독립적으로 가겠다는 건데 가장 중요한 것은 안전이라는 말씀이시죠.]

"그렇죠. 안전을 확보하기 위해서는 건전한 기술적 판단에 근거하는 것이 중요한데 기술적 판단을 다른 이유로, 비기술적인 이유로 흐트릴 수 있는 요소는 완전히 배제시키겠다는 것이 안전위원회를 독립적으로 만든 하나의 목적입니다."

[지난번 후쿠시마 사태가 났던 결정적인 이유가 상업성 때문에 그렇게 됐던 것이기 때문에 그런 것들을 차단하시겠다는 얘기죠.]

"그렇습니다."

원자력안전 '외눈박이 출범'

원자력 안전규제를 총괄할 대통령 직속 원자력안전위원회가 26일 공식 출범한다. 우리나라에 원자력이 도입된 지 반세기 만에 안전규제 독립기관이

탄생하는 것이다. 그러나 정부가 원전 확대에 무게를 둔 에너지 정책을 고수하고 있는 데다 안전규제 인력도 턱없이 부족해 제 역할을 하기 어려울 것이라는 우려도 제기되고 있다.

2011년 10월 한국일보

위원회 출범에 대해 일부 시민단체 등에서는 위원회 구성을 놓고 문제가 있다고 주장했다. 전혀 근거없는 주장도 아니고 여전히 우리 사회에는 원자력발전을 반대하는 분들도 있다. 그들의 의견을 반영해 질문을 만들었다.

[부위원장께서는 원자력계에서 오랫동안 종사를 해온 전문가로 알려져 있는데 원자력안전위원회 위원들은 어떻게 구성됐을까요.]

"이 부분은 법적인 요건을 봐야 합니다 원자력안전위원회 설치 및 운영에 관한 법률에 보면 위원회가 원자력 환경 보건의료 과학기술 좀 많습니다만 공공안전 법률 인문사회 등등 원자력안전에 이바지할 수 있는 관련분야 인사가 골고루 포함돼야 한다 이런 문구가 들어 있거든요. 그래서 외국 예를 보면 기술적인 전문성을 크게 평가해서 원자력 전문가만으로 안전위원회를 꾸미는 나라도 있고요. 여러 분야를 포괄하는 나라도 있고. 그런데 최근 후쿠시마 사고 이후 원전안전 관련해서 보다 다양한 시각으로 안전을 쳐다봐야 된다 그래서 안전위 설치에 관한 법령을 제정하는 과정에서 국회 논의가 있었는데 이런 시대적 상황을 반영해서 원자력 안전뿐 아니라 거기에 다양한 분야 다양한 시각에서 검토할 수 있다라는 국민적 요구가 반영된 결과라고 할 수 있습니다. 그래서 현재 우리 안전위원회는 안전분야에서는 먼저 이 분야의 세계적 권위자이신 위원장을 맡고 계신 K위원장을 비

커리어 리부트

롯해서 부위원장으로 저를 포함해 두 사람이 참여하고 있고 나머지 분들은 법률이나 인문사회 공공안전 환경 보건의료 이런 각 분야 전문가들이 고루 들어오셔서 모두 9명으로 구성돼 있습니다.”

[그런데 일부에서는 원자력과 직접적인 관련이 없는 인사가 너무 많이 포함된 게 아니냐는 지적이 있거든요.]

“그래서 심지어는 전문성이 떨어지는 것이 아니냐 아까 말씀 드린대로 선택의 문제입니다. 원자력 전문가들로만 구성해서 좁은 분야의 시각만 가지고 원자력 안전을 따지게 할 거냐 그게 아니면 인문사회나 환경이나 법률이나 여러 다양한 분야를 통합적으로 검토할 수 있게 할 거냐. 그런 선택의 문제인데 우리나라는 그런 통합적인 시각을 좀 더 중요시한 겁니다.”

[그런데 원자력 안전이란 게 사고가 났을 때 급박하게 의사결정이 이뤄져야 하는데 그런데 앞서 부위원장께서 말씀하신 대로 전문성이 아닌, 즉 팩트가 아닌 다른 영향력이 포함될 가능성이 있지 않을까요. 이렇게 비전문가가 포함된다면 말이죠.]

“그래서 저희들이 가장 신경을 쓰는 게 비상시 가장 효율적이고 신속한 의사결정체제를 어떻게 만들 거나 그래서 우리나라의 안전위원회 구성이 이렇게 된 것에 걱정하시는 분들도 있지만 그런 비상상황마다 의사결정체제에 대한 별도로 검토를 해서 해당되는 절차를 별도로 만들 겁니다. 그래서 이것 때문에 시간이 늦어서 실기를 한다든지 그런 일이 없도록 계획을 하고 있습니다.

(…중략…)

[세계최고의 원자력안전기술을 갖고 있는 우리인데 이제 원자력안전위

원회가 생겼다는 게 좀 늦었다는 감도 들거든요. 이제 앞으로 위원회 활동 어떻게 하실 계획이신지 마무리 말씀해주시죠.]

"여러 가지 과제를 가지고 있습니다만 중요한 몇 가지 포인트를 말씀드리겠습니다. 첫 번째는 우리 위원회가 이번 출범을 계기로 해서 체제적으로는 독립성이 확보가 됐는데 그 확보된 독립성을 철저히 지켜나가겠습니다. 두 번째는 원자력 안전이 국민들에게 한 점의 의혹이나 의구심없이 투명하게 전달될 수 있도록 그런 믿음을 국민들에게 드리도록 노력하겠습니다. 세 번째는 맡은 바 소임을 다하는 과정에서 최고의 전문성이 반영될 수 있도록 저희 규제요원들에 대한 교육훈련 아까 말씀드린 대로 최고의 전문가들을 모신 전문위원회, 원자력안전기술원이나 원자력통제기술원 같은 민간전문기구, 국내외 전문가들을 총망라한 업무프로세스를 만들겠다는 거고요. 마지막으로 원자력안전 선진국 격에 걸맞은 글로벌리더십 확보를 위해서 노력을 하겠다. 국제사회에서의 우리나라에 대한 인정, 그런 모습을 국민들께서 보시고 우리 위원회를 믿음으로 해서 원자력안전을 우리가 믿을 수 있겠구나 안심할 수 있겠구나 하는 국민안심으로 연결할 수 있는 노력을 저희가 앞으로 펴나가도록 하겠습니다."

[사실 국민들 입장에서는 위원회가 언론에 자주 노출되는 게 바람직하지는 않을 것 같습니다.]

−2011년 10월 방송−

                                          커리어 리부트

시사 프로그램이 갖춰야 할 가장 중요한 덕목 가운데 하나는 한쪽에 치우치지 않는 균형감이다. 한쪽의 주장이 언론 보도를 통해 기사화됐더라도 그것이 진실인지, 혹은 정당성을 지녔는지는 판단을 유보해야 한다. 언론에 기사화됐더라도 그 방향으로 판정승을 내리면 곤란하다.

4대강 사업 논란 편

이명박 정부의 최대 치적사업으로 꼽혔던 4대강 사업 역시 반대론자들의 끊임없는 주장이 사업기간 내내 지속됐다. 결국 2013년 1월, 감사원 감사 결과 부실공사였다는 것이 공개되기도 했지만 공사 진행 당시 관계자들은 제기됐던 일체의 의혹에 대해 모두 사실이 아니라고 반박했다. 사업 시행 초기였던 2010년 8월 4대강살리기추진본부 C본부장의 인터뷰를 보자. 인터뷰가 있기 전날, MBC 〈PD수첩〉에서 대규모 준설과 보 건설이 결국 대운하 사업의 연관성을 의심하게 한다는 내용의 방송을 내보냈다.

MBC <PD수첩>은 '4대강 수심 6m의 비밀' 편에서 지난 2008년 9월부터 12월 사이 국토해양부 산하 한강홍수통제소에 '4대강 살리기'의 기본구상을 만들기 위한 비밀팀이 조직됐다는 내용을 폭로한다. 2008년 9월은 대운하 사업 중단 발표 후 3개월이 지난 시점이다. <PD수첩> 제작진이 사전 배포한 보도자료에 따르면 이 비밀팀에는 청와대 관계자 2명을 비롯, 국토해양부 하천 관련 공무원들이 소속돼 있다. 제작진은 당시 이 모임에 참석한 청와대 행정관이 대통령의 모교인 동지상고 출신과 영포회 회원임을 확인했으며 이들이 수심을 6m 확보해야 한다는 의사를 지속적으로 전달했다고 밝혔다. 정부는 4대강 살리기 사업을 통해 홍수피해를 근본적으로 해결할 수 있다고 주장해 왔지만 <PD수첩> 제작진이 입수한 국토해양부의 상습수해지역 지도에 따르면 4대강 지류는 상습홍수지역과 무관하다는 결론이 나왔다. 제작진은 4대강 사업을 통해 확보할 대량의 물이 어디에 사용되는지 의문을 제시하며 문광부가 추진 중인 리버크루즈 계획을 주목했다. 특히 지난 2009년 10월 문광부 산하 연구원이 독일의 리버 크루즈 운영 및 관광 상품화 등 해외사례를 조사하기 위해 답사를 다녀왔으며 책임연구원이 "독일 강의 갈수기 수심은 2~3미터이지만 우리나라는 4대강사업을 통해 6~8m의 수심이 확보되기 때문에 배를 띄우는 데 문제가 없다"고 보고했다고 전했다. 이 같은 자료를 기초로 문광부는 4대강을 운항할 리버크루즈 계획을 수립했다. 제작진이 확보한 관련 자료에는 2012년 시범 사업, 2014년에는 본 사업에 착수한다고 돼 있다.

2010년 8월 서울신문

이 기사를 보고 주목해야 할 부분은 4대강 살리기 사업을 통해 홍수 피해를 근본적으로 해결할 수 있다고 정부는 주장했지만 상습 수해지역 지도에 따르면 공사가 진행 중인 4대강 지류는 홍수 지역과는 아무 상관없다는 점과 4대강 사업을 통해 확보할 대량의 물이 어디에 사용되는지 부분이다. C본부장에게 이와 관련된 질문이 가장 핵심이 될 것이다.

오프닝 멘트: 4대강 살리기 사업은 강의 원래 모습을 유지하면서 생태계를 복원해 생명을 살리는 녹색사업입니다. 하지만 여전히 4대강 사업이 수질과 생태계에 미치는 영향에 대해 찬반 논쟁은 계속되고 있습니다. 또한 어제 방송된 MBC PD수첩에선 대규모 준설과 보 건설에 대한 의혹을 제기해 4대강 살리기 사업과 대운하 연관성을 언급했는데요. 오늘 정책진단은 PD수첩이 제기한 의혹들에 대해 살펴보고, 생태와 환경적 측면에서 4대강 살리기 사업에 대해 짚어보겠습니다. 이 자리에 4대강 살리기 추진본부 C본부장 나오셨습니다.

[어제 PD수첩 방송 때문에 상당히 바쁘셨을 것 같은데, 먼저 정정보도 얘기가 나오는데 어떻게 대응할 것인지 잡히셨나요?]

"사실 지난주 보도자료가 나왔을 때에는 상당히 심각한 수준의 내용들이 있었습니다. 그래서 저희가 즉각적으로 대응을 했었기에 다행히 이번에 그 내용들이 수정되서 그 양상이 조금 줄어들기는 했지만 그럼에도 불구하고 대운하라든지 외압 등 여러 민감한 문제와 사실을 왜곡하는 문제들이 방영됐기 때문에 저희들은 그 부분들을 하나 하나 다 지적해서 정확하게 대응할 계획을 세우고 있습니다."

첫 질문은 원래 대본에 없던 것이었다.

그러나 C본부장이 방송 출연하기로 했던 날 언론에서 PD수첩을 상대로 정정보도를 요청할 것이라는 보도가 있었기에 이 부분을 먼저 짚고 간 것이다.

[어제 방송에서는 비밀팀이라고는 안 나왔고 TF팀이라고 했죠.]

"네. TF팀이라고 시정이 돼서 나왔습니다."

C본부장이 비밀팀이라고 계속 언급했지만 사실 전날 있었던 PD수첩에서는 비밀팀이라는 언급 대신 TF팀이라고 했었다. C본부장이 사실과 다른 말을 방송에서 하는 것은 또 다른 문제를 낳을 수 있다. 곧바로 정정이 필요한 대목이다. 지적 없이 지나치면 나중에 문제가 될 소지가 있다. 본격적인 인터뷰가 시작됐다. 우선 4대강 수심이 6m로 깊어진 것과 관련해 4대강 TF팀 의혹을 제기한 부분부터 물어봤다.

"6m라는 수치가 굉장히 민감하게 받아들여지는데 사실 6m라는 것은 운하가 되는 데 최소한의 수심입니다. 그런데 전체 구간 가운데 6m 구간은 4분의 1 정도밖에 되지 않고요, 낙동강 구간은 60%가 되지만 그러나 6m가 된다고 해서 다 운하가 되는 것은 아니지요. 그래서 실제 보 위치나 구조도

                                         커리어 리부트

배가 드나들기에는 어려움이 있고 낙동강에 55개 교량이 있습니다. 그것만 보더라도 운하가 되기 위해서는 교량을 교체하거나 일부 바꿔야 하는데 비용도 만만치 않으니까 6m가 됐다고 해서 운하가 되는 것은 절대 아니고요, 국가의 거대한 사업은 기본적으로 구상안이 나오면 전문가들에 의한 TF팀이 구성돼서 마스터플랜을 확정하는 것이 원칙적인 방법입니다. 그렇기 때문에 비밀리에 이뤄지는 것은 아니고 4대강이라는 거대한 국책사업에 대해서 국토부장관이 지정해서 TF팀이 꾸려졌고 비밀팀이라고 해서 상당히 음습하게 생각되지만, 한강홍수통제소가 다 공개돼 있고, 비밀팀이 조직돼서 활동한다는 것은 사실 말이 안 맞습니다."

[운하사업의 물길이 4대강 사업 물길과 많이 겹쳤다 해서 4대강 사업과 대운하사업의 연관성에 대한 의혹을 제기했는데?]

"이게 육지의 도로를 설계하는 것이 아니지 않습니까. 기존의 강을 갖고 어떤 식으로 하천정비를 하거나 개발을 하느냐의 문제인데요 운하사업은 좀 더 직선화가 많이 돼 있고 선형을 살린다고 해서 강의 원래 구조를 따르다 보니까 당연히 강은 일정부분 겹칩니다. 그런데 낙동강이 430km 이상 되는데 어제 간단한 화면으로 보시기에는 겹치는 부분과 겹치지 않는 부분이 나타나지만 실제 현장에 가보면 거대한 거리입니다. 배가 지나가는데 필요한 폭이 300m, 400m 얘기를 하지만 낙동강의 하류쪽 폭이 원래 넓고요, 지금 공사가 진행되고 있는 상류쪽은 300m가 안되는 곳도 있습니다. 우리가 상식적으로 생각할 때 전체적으로 넓어지는 것은 배가 다니는 것에 문제가 없겠지만 어느 구간이라도 폭이 좁아지면 그것은 운하가 안 되지요. 그렇기 때문에 수로가 겹친다는 것이 운하의 명분이 될 수 없고 저는 오히려 수로가 겹친다는 것은 상당 부분 강을 대상으로 하기 때문에 그럴 수밖에 없다고 보아집니다.”

[PD수첩이 어제 대운하와 연결되어지는 쟁점들을 몇 가지 정리했고, 그래서 4대강과 대운하가 겹친다는 것은 이렇게 해명을 해 주셨고 또 하나가 준설단면이거든요. 사다리꼴로 해야 되는데 반달꼴로 됐다는 부분입니다.]

“사다리꼴로 하는 것이 쉽지 않고요, 도면을 작성하는 과정에서 오류가 있었던 것으로 보여지고요, 실제 현장에 가서 보시면 절단하듯이 이렇게 되는 것은 아니고 완만하게 하도 준설을 하고 있습니다. 준설외부와 수로와의 관계도 저희가 완만하게 해서 생태공간을 할 수 있는 여지로 설계를 하고 있습니다.”

[사다리꼴이 아니고 반달꼴이다 이렇게 보면 되는 겁니까?]

“네.”

[4대강사업 본류보다 오히려 지류에서 물 부족이나 홍수피해가 심각하다고, 지도까지 놓고 상세하게 설명을 하던데.]

“수해 상습지구와 4대강이 전혀 색깔이 겹치지 않아서 보시는 분들이 의아하게 생각하셨을 텐데요, 수해 상습지와 4대강 구간을 비교할 수 없습니다. 왜냐하면 수해 상습지는 지방하천을 대상으로 제방이 없거나 부실한 곳에 대해서 국가가 지정하는 것입니다. 당연히 국가하천인 4대강구역은 지정이 안 되니까 대상이 아닙니다. 두 지역을 겹쳐서 비교한다는 것은 부적당한 것 같고요, 지류 하천의 전국 수해 상습지가 6,210km입니다. 99년도부터 이 지역에 대해 개선사업을 실시하고 있습니다. 지천들을 말씀

　　　　　　　　　　　　　　　　　　　　　　커리어 리부트

을 하시는데 4대강 공사구간을 빼고 우리나라 지천의 개수가 약 3800개소
가 넘습니다. 이렇게 방대한 지천들을 4대강처럼 한꺼번에 실시하는 것은
경비와 막대한 재원이 소요되기 때문에 2011년부터 단계적으로 정비해 나
갈 지천에 관한 종합계획을 발표할 겁니다. 지금까지 10년 동안 치수사업
에 들어간 예산의 73%가 지류정비에 들어갔고요, 지금도 매년 1조원 이상
을 지류사업에 투자를 하고 있는 상태입니다.”

　[어제 방송에서 제기했던 상습침수지역, 지천과 지류에도 공사가 진행
되고 있다 이런 말씀이시죠?]

　“일부 되고 있고 문제가 남은 곳들에 대해서도….”

　[지자체에서 하는 건가요?]

　“네 지자체에서 하기도 하고 일부 국고가 60% 지원을 하기도 합니다.”

　4대강 사업과 관련해 C본부장은 단골 출연자였다. 말도 달변이었고 내
용도 꿰뚫고 있어서 진행자로서 상당히 편안했던 분이다. 환경학자였는데
4대강 사업에 참여하고 KTV에 자주 출연하면서 당시 생태학자를 비롯한
반대진영으로부터 많은 비난을 감수해야만 했다. 그러나 진행자에게는 더
없이 훌륭한 출연진이었다.

천안함 민군 합동조사단 편

　오프닝멘트: 정부의 천안함 사건 조사 결과 발표 이후에도 조작설 등을
제기하는 등 각종 의혹이 사그라들지 않고 있습니다. 이런 의혹은 국민들
의 혼란을 가중시키는 결과로 이어질 수 있는데요 천안함 조사 결과에 대

한 의혹들은 무엇이고 진실은 무엇인지 짚어보도록 하겠습니다. 천안함 민군합동조사단의 M대변인 나오셨습니다.

[먼저 이 질문부터 드려야겠습니다. 오늘 정부도 인정한 내용이긴 한데, 백령도 해역 근처에서 키리졸브 훈련, 대잠훈련이 있었고요, 이 내용부터 확인해주시죠.]

"지금 백령도 해역이라고 말씀하셨는데 키리졸브 훈련은 백령도 해역이 아니고 백령도 해역으로부터 180㎞ 떨어진, 태안반도 서방에서 3월 23일부터 28일까지 계획돼서 실시중에 있었습니다."

[백령도가 아니고 180㎞ 떨어진 곳이었다라는 말씀이시군요, 대잠수함 훈련이라는 것이 공개가능한 것인지 모르겠습니다만 어떤 훈련인지 소개해주시죠.]

"3월 23일부터 훈련이 시작됐습니다. 잠수함만을 탐지하고 추적하는 훈련은 3월 23일 끝났고요. 오늘 이야기하는 천안함사건이 있었던 당일에도 대잠훈련이 있었다고 얘기하는데 그때 있었던 훈련은 잠수함만을 잡는 게 아니고 다중위협하에서 기동훈련이었습니다. 그러니깐 함정이 해상에서 활동하다 보면 기름이 떨어지거나 식량이 떨어지지 않습니까. 이때 보급함으로부터 기름을 주거든요. 그런데 이 기름을 주고받고 할 때가 가장 취약합니다. 이때 상정할 수 있는 게 항공기, 수상함, 잠수함 이 3가지 위협을 다 상정하거든요. 그래서 다중위협하 기동군수훈련을 했기 때문에 거기에 잠수함도 공격할수 있을것이다라는 가정하에 훈련을 한 것이죠. 그게 어떻게 보면 대잠훈련도 훈련내용에 포함돼 있는데 외부에서는 항공기나 함정의 위협은 빼고 잠수함 훈련만 했다 이렇게 얘기들 하고 있는 것입니다."

[그래서 한미합동훈련 도중에 오폭설이 나오는 것이거든요. 이 부분 해명을 해 주시죠.]

"아까도 말씀드렸듯 훈련구역이 180㎞ 이상 떨어져 있었다고 했습니다. 오폭이 있을 수 없죠. 그리고 또 한미간 사격훈련도 있었습니다. 그 훈련은 3월 25일 이전에 다 끝났거든요. 실제 3월 25일부터 날씨가 나빠서 훈련을 제대로 못했는데 그 훈련은 모의훈련이죠. 해상공방전 훈련인데 적의 특수 작전부대가 침투하는 것을 우리 항공기, 함정 등이 저지하고 차단하는 훈련을 했습니다. 실제 사격을 할 수가 없는 거죠."

[의문점으로 국민들이 많이 느끼고 있는 것 중 하나가 이렇게 한미합동 훈련을 실시하는 와중에 북한 잠수함이 침투해서 우리 천안함을 격침시키고 갔다는 사실 자체가 또 문제가 되거든요.]

"그건 잠수함 작전의 특징을 잘 모르는 분들이 하시는 얘기입니다. 잠수함이 갖는 가장 큰 것은 은밀성입니다. 잠수함은 언제 어느 시기에도 침투할 수가 있거든요. 단지 훈련이 있었다고 해서 눈으로 보일 경우에는 그게 가능하겠죠. 그런데 잠수함은 물속에 들어가면 사실상 탐지가 곤란합니다. 특히 백령도 서쪽 해역은 수심이 낮고 해양환경이 잠수함 탐지에 아주 불리합니다. 북한은 그러한 환경을 역이용하지 않았을까 하는 생각도 듭니다."

[잠수함에 대해 속수무책이라고 한다면 이 부분에 대한 대비 태세를 다시 점검을 해봐야겠네요.]

"그것 때문에 국방부나 해군에서도 배가의 노력을 하고 있는 것으로 알고 있습니다."

잠수함은 바다 밑으로 다니는 배다. 눈으로 보이지 않는 것은 당연하다.

물 밑에 있다고 탐지가 곤란하다는 답변은 국민의 한 사람으로서 납득이 가지 않는 답변으로 무책임하다고 느껴졌다. 그래서 일부러 질책성 질문을 한 것이다. 여기에서 가장 관심이 가는 대목은 러시아가 왜 북한 소행이라는 우리 정부의 물증 제시에도 분명한 입장 표명을 유보했는지 여부다. 만일 확실하게 입장을 표명하지 않았다면 우리측의 물증제시에 문제가 있을 수도 있다는 것을 의미하기 때문이다. 이 부분에 대한 국방부의 입장이 궁금했다.

[일부에서 러시아 천안함 조사단이 민군합동조사단의 조사 결과에 의문을 표했다는 일부 언론의 보도가 있었는데요.]

"그것은 사실과 많이 다릅니다. 일부 언론에서 러시아 대표단이 일부 귀국을 했다고 했는데 그분들이 돌아가셨으니 말씀이지만 그분들은 오늘 오후에 귀국했습니다. 벌써 팩트가 안 맞다는 것이죠. 그분들 얘기로는 짧은 시간에 많은 것을 어떻게 다 조사를 했느냐, 한국의 노력에 경의를 표한다, 한국에서 조사한 것에 대해서 존중한다, 그러나 자세한 것은 자신들이 본국에 가서 좀 더 연구를 해 봐야겠다 이런 의견을 피력하고 갔습니다."

[그럼 러시아는 본국에 돌아가서 공식적인 입장을 발표하게 됩니까?]

"글쎄요 그건 좀 두고 봐야겠죠. 왜냐하면 러시아에서는 별도의 러시아에서 여기 왔던 조사관은 3명뿐이었거든요. 우리가 오랜 기간을 많은 사람들이 참여해서 조사한 것을 판단하기 힘들겠죠. 본국에 우리가 제공한 자료를 심층적으로 연구한 조사단을 편성해 놨다고 합니다. 그러니까 그분들의 조사 결과를 좀 기다려 봐야겠죠."

KTV 앵커 시절

‖ 5 ‖

멘트가 딱딱해

"모니터에서 등장하지만 시사적이고 딱딱했다. 오죽하면 음악프로그램을 뉴스처럼 한다고 혹평을 했다."

2010년 KTV 진행 외에 TBN 교통방송에서 음악과 시사정보를 곁들인 프로그램을 진행했다. TBS는 서울교통방송이고 TBN은 한국도로교통공단에서 전국 단위로 운영하는 라디오 채널이다. TBS 때문에 서울에서는 라디오 주파수가 주어지지 않아서 YTN에서 DMB(Digital Multimedia Broadcasting)채널을 임대해 방송했다.

-새로 바뀐 진행자는 새로운 만남에 대한 설렘을 드러내지 않았고, 음악 소개마저 뉴스처럼 하고 있었기 때문에 청취자로서는 교감과 소통에 벽을 느낄 수 있었음.

-별도의 뉴스 코너 없이 '꼬리물기 단속 2개월…주행속도 향상', '이명박

대통령 제38차 라디오 연설 내용' 등을 음악과 음악 사이 멘트로 처리했는
데, 화제성과 주목성이 부족하고 진행자가 '걸러준다'는 느낌 없이 앵커처
럼 진행했기 때문에 프로그램의 성격 자체가 딱딱해졌다는 느낌이 있었음.

- 그 외 아파트에서 키우기 적절한 식물, 청명의 싱그러움 등을 이야기할 때
  에도 출근 전쟁 직후 여유를 찾고자 하는 청취자들을 흡인할 만한 '편안함
  과 부드러운 느낌'이 부족했음.

- 전 DJ K아나운서의 경우 '시사성'은 부족했지만 멘트를 '자기화'하여 편
  성 시간대에 맞춰 연출하는 능력은 좋았는데, 진행자가 바뀌면서 장점을
  이어받지 못하고 시사성만 강화된 듯해 아쉬움.

2010년 4월 TBN첫 방송 모니터

- 북한 김정일위원장의 중국방문 소식과 후진타오 중국 주석과의 정상회담
  관련 내용, 유럽 충격으로 인한 국내외 증시 동요 상황 등을 자세히 다루
  어 정보성 있었음.

- 에코드라이빙 시범 운행 도로 소식을 전하면서, 탄소배출을 최소화 할 수
  있는 운전법을 다시 정리한 점도 유익했음.

- 헤드라인 뉴스 정리, 교통 관련 정보 등으로 구성해, 더욱 유익한 시간이
  되고 있으며, 집중력을 발휘함.

- 오전 9시 시간대, 일반 라디오 프로그램에서 뉴스 편성이 이루어지고 있
  고, 앞선 프로그램인 'TBN교통집중'에서 뉴스 전달 코너가 마련되어 있
  지 않은 만큼, 헤드라인 뉴스 정리는 더욱 적절한 구성임.

같은 모니터 요원이 쓴 모니터 일지인데 첫 방송에 대한 날 선 지적이 한 달이 지난 뒤 다소 누그러진 상태임을 알 수 있다. 프리랜서로 방송을 시작하면서 KTV와 별개로 라디오 프로그램 진행을 맡게 됐다. 아침 9시부터 11시까지 2시간이었는데 가요와 교통정보가 주된 것이었고 중간 브릿지멘트는 구성작가가 보낸 것을 소화했다. 그러나 브릿지멘트는 양이 부족한 편이었고 인터넷에서 뉴스를 많이 가공해서 전달했다. 물론 교통과 관련한 뉴스가 최우선이었지만 교통뉴스가 없을 때는 다른 정치와 경제뉴스도 많이 다룬 편이었다. 기자 출신이 음악프로그램 DJ라니 사실 어울리는 것은 아니었다. 더구나 모니터에서 등장하지만 시사적이고 딱딱했다. 오죽했으면 음악프로그램을 앵커처럼 진행한다고 지적했을까. 애초 이 프로그램에 대한 섭외가 들어왔을 때 시사정보성이 가미된 프로그램이 당초 컨셉이었다. 그러다 제작비 등 제반 문제로 해서 평이한 DJ프로그램이 됐던 것이다. 뉴스앵커처럼 DJ멘트를 하니 밖에서 보는 담당PD도 답답했으리라. 그러나 고칠 수 있는 것이 아니었다. 원주MBC 아나운서 시절, 〈별이 빛나는 밤에〉라는 역사와 전통의 음악 프로그램 DJ를 못하겠다고 박차고 나와서

 커리어 리부트

<생활중계실>이라는 생활정보 프로그램을 만들었던 내가 아니던가. 세월이 가도 딱딱함의 유전자 형질은 변하지 않았다. 내가 나를 바꾸지 못하는데 뻔뻔하게 그대로 밀고 나가는 수밖에 없었다.

그러던 2010년 5월, 천안함 폭침사건이 발생했다. 국민들의 눈과 귀는 온통 그 사건으로 쏠렸고 모든 방송프로그램에서도 그 사건으로 도배가 됐다. 음악 프로그램이긴 하지만 예외가 아니었다. 마침내 바닷속에 가라앉았던 천안함의 잔해를 인양하던 날, TV를 통해 생중계되는 것을 나는 TV 모니터를 지켜보면서 인양되는 정확한 시간과 함께 어떻게 진행되고 있는지를 청취자에게 자세하게 중계했다. 방송을 마치고 나오자 담당PD를 비롯해 반응이 좋았다. 그들은 이렇게 속보방송을 하는 것을 직접 눈으로 보는 것이 처음이었기 때문이다. 음악프로그램 DJ이지만 시사성 있는 뉴스를 많이 전달하는 일종의 뉴스자키였다. 구성작가가 보내주는 원고가 나와는 너무 맞지 않았다. 청소년 대상의 음악 프로그램 같은 멘트였으니 뉴스를 전달해주는 내게는 취향이 달라도 너무 달랐던 것이다. 결국 구성작가 없이 내가 직접 오프닝멘트부터 모든 원고를 작성하겠다고 하고 원고를 작성하기 시작했다. 한결 내 입에 맞는 방송멘트를 할 수 있었다.

정부가 자동차 연비측정에 대한 관리 감독을 강화한다. 업계 자율에 맡긴 결과 업체가 발표한 연비와 실제 연비가 큰 차이가 난다는 지적에 따른 것이다. 지식경제부는 자동차 연비 관리제도의 공신력을 높이기 위해 업체의 연비측정시험(주행저항시험)에 대한 검증시스템을 도입하기로 했다고 20일 밝혔다. 이 제도가 도입되면 새로 나온 자동차 모델이 시판되기 전에 정부가 차량 일부(10~15%)의 공인연비를 직접 측정해 자동차 업체가 계산한 연비가 정확한지를 확인한다. 지금까지는 자동차업체가 자체 측정을 하거나 자동차부품연구원 등 공인기관이 측정한 연비를 발표해왔다. 그러나 이 제도가 도입되면 시판 전 정부의 검증절차가 의무사항이 된다.

이런 기사가 방송중 인터넷의 새로운 기사로 떴다고 가정해 보자. 이것을 노래가 나가는 3~4분 동안 브릿지멘트로 바꿔줘야 한다. 재빨리 원고를 작성하기 시작한다.

"자동차의 연비에 대한 불신이 상당히 높은 게 현실이죠. 얼마 전 미국에서 현대기아차의 연비 과장으로 문제가 됐었는데 정부가 보다 강화된 기준을 적용하기로 했다는 소식입니다. 자동차업계 스스로 자율에 맡긴 결과는 역시 소비자에게 불리한 것이었는데요. 따라서 업체가 발표한 연비와 실제 연비가 큰 차이가 난다는 지적에 따라 지식경제부는 자동차 연비 관리 제도의 공신력을 높이기로 했습니다. 이를 위해 업체의 연비측정시험에 대한 검증시스템을 도입하기로 했다고 오늘 밝혔습니다. 이 제도가 도입되면 새로 나온 자동차 모델이 시판되기 전에 정부가 차량의 10~15% 정도의 공인연비를 직접 측정하게 됩니다. 기존 업계가 스스로 연비를 측정했던 것과 달라지는 것입니다. 그렇게 직접 측정해서 자동차 업체가 계산한 연비가 정확한지를 확인하는 방식입니다. 업계를 믿지 못하는 정부의 고육책인데 자동차 메이커들의 솔직한 연비 표시를 기대해봅니다."

크게 달라진 것은 없지만 단순히 기사 하나만 그대로 읽어주는 것이 아니라 왜 정부에서 공인연비에 대해 칼을 빼들었는지 전후 사정을 환기시켜주고 소비자의 입장에서 어떤 식으로 개선되는 것이 바람직한지도 방송에서 애기를 하는 것이다. 멘트를 메모할 시간이 부족할 경우 그냥 모니터에 나온 인터넷 기사를 읽으며 코멘트를 하기도 했다. iTVIFM에서 2시간 생방송 시사프로그램을 1년동안 했던 경험이 귀중한 자산이 됐다.

2011년 오프닝 멘트다.

안녕하세요, 최준묵입니다.

6월 30일 목요일입니다. 한우 값은 폭락하는데 정작 한우식당 고기 값은 여전히 고공행진입니다. 포장김치 값 역시 마찬가집니다. 작년 배추파동 때 김치 값을 올린 건 어쩔 수 없다고 이해가 됐는데 지금은 배추 한 포기 천 원입니다. 작년 9월에 비해 10분의 1도 안되는 가격인데 포장김치 값이 떨어졌다는 소식을 들어보지 못했습니다. 냉면 한그릇에 만원이지만 정작 원재료 값은 2천 원에 불과하다는 기사도 봤는데요, 소비자들로서는 요즘 고공물가, 가격형성의 구조를 따져봤을 때 받아들이기 어려운 대목들이 참 많습니다. 정부가 이를 바로잡아보겠다고 밝혔는데요. 박재완 기획재정부 장관은 외식비와 가공식품 등의 가격 하방경직성이 강해 시장에만 맡겨놓을 수 없다며 정부가 정책적 대응을 강화해 나가겠다고 밝혔습니다. 식자재 가격이 내려도 외식비가 내리지 않는 현상이 일반화돼 있다고 지적하고 소비자 단체를 통해 주요 외식비 가격을 비교·공개하는 등 친시장 정책을 통해 합리적 가격정책과 소비자 운동이 병행될 수 있도록 적극적으로 지원하겠다고 밝혔습니다. 과연 시장이 정부 의지대로 움직여줄

지 지켜봐야겠습니다.

오프닝멘트부터 아주 딱딱하고 시사성 있는 것이다. 이런 방송은 기호가 엇갈린다. 그러나 TBN의 청취층은 집안에서 라디오를 듣는 사람들보다 하루종일 택시나 버스에서 근무하는 운전기사였다. 그들의 정보욕구를 이런 식으로 채워주는 것도 좋은 방송이 될 것이라 여겼던 것이다. 대개 음악방송의 DJ는 개그맨이나 가수 출신들이 맡아서 하는 경우가 많다. 입담도 좋고 음악적 경험도 풍부해서 자연스럽게 많은 얘깃거리가 등장한다는 장점 때문이다. 아나운서가 음악프로그램을 하는 경우는 좀처럼 많지 않다. 사실 전문방송인으로 아나운서를 선발해놓고 그들을 제대로 활용하지 못하는 것은 모순이다. 청취율만을 따지는 방송시스템에도 문제가 있는 것이고 자기계발에 소홀한 아나운서의 문제이기도 하다. 기자 출신이 음악프로그램을 하는 경우는 극히 드물다. 그런데 만 2년 동안 프로그램을 진행했다. 정보성을 가미했다고는 하지만 무미건조한 방송이었을 것이다. 그러나 앞서 언급했듯 각종 시사정보와 교통정보를 주면서 중간중간 음악을 선사하는 방식은 나름대로 가치가 있었다고 본다. 개그맨 출신의 진행자가 뉴스를 읽어주는 것과는 신뢰도 면에서 차이가 있었으리라.

라디오 방송을 하는 것은 좋았으나 오전 11시에 끝나면 저녁방송 때까지 낮 시간이 많이 비게 되는 것이 문제였다. '거리를 헤매는 자유로운 영혼'이라고 허세를 부리기에는 시간이 너무 아까웠다. 다음날 방송할 원고도 작성해야 했는데 그래서 선택한 곳이 서초동에 있는 국립중앙도서관이었다. 인터넷을 자유롭게 사용할 수 있었는데 인터넷을 뒤져 원고도 작성하고 저

 커리어 리부트

녁 때 방송할 대담 아이템에 대해 공부도 할 수 있었다. 시간을 아껴쓰고 허비하지 않는 것이 인생에서 얼마나 큰 결과를 초래하는지는 겪어보지 않고는 알 수 없다. 그냥 버려지는 시간은 자신의 인생에서 가장 소중한 순간을 흘려보내고 있는 것이나 마찬가지다. 이렇게 국립중앙도서관에서 인터넷 서치도 하고 원고도 준비하다가 본관 건물로 건너가 책을 보기도 했다. 평일 낮 시간임에도 많은 사람들이 자기계발에 열중인 것이 새로운 세계에 발을 들여놓은 것 같았다. 노년층만 있는 것이 아니었다. 대학생으로 보이는 청년층과 취업을 준비 중인 것으로 보이는 중년층까지 다양했다. 이렇게 도서관에서 시간을 잘 활용하던 중 막냇동생이 미국으로 1년 동안 연수를 가게 되면서 서울에 있는 아파트를 쓰게 됐다. 마침 라디오 방송국과는 걸어서 다닐 정도로 가까웠기에 아주 최상이었다. 24개월 동안 아침방송을 했으나 문제는 청취율이 제로였다는 점이다. 지상파 라디오로는 수신이 되지 않고 DMB로만 청취가 가능했다. 2년동안 방송을 했지만 전혀 청취자로부터 피드백이 없었다. 마치 벽을 바라보고 혼자 떠드는 수준의 방송이었던 것이다. 청취자 게시판에는 한 달에 한 건 정도의 의견이 올라왔다. 듣지 않는 방송은 의미기 없었다. 지치기도 했고 들리지도 않는 방송은 내게도 흥이 나지 않았다. 2년을 채우고 그만뒀지만 당초 콘셉트였던 음악프로그램을 다시 나만의 스타일로 발전시켜서 새로운 프로그램을 만들어냈던 것이다.

‖ 6 ‖

다시 닥친 실직 위기

"6개월에 한 번씩 다가오는 개편철은 가장으로서 언제까지 버틸 수 있을 것인지 회의감에 빠지게 만들었다."

두 군데 방송사에서 프로그램을 진행하고 있었지만 프리랜서의 삶은 늦 겨울 얼음 위를 걷는 것 같았다. 개편철이 되면 불안했다. 언제 그만두게 될지 모르는 위태로운 생활의 연속이었다. 그런 삶이 반복되다 보면 당당 함 대신 눈치를 보며 작아질 수밖에 없다. 6개월에 한번씩 다가오는 프로 그램 개편은 가장으로서 언제까지 버틸 수 있을 것인지 회의감에 빠지게 만들었다. 그러다가 결국 우려했던 일들이 벌어지기 시작했다. 맡고 있던 프로그램에서 하나씩 밀려나기 시작한 것이다.

개인적으로나 국가적으로나 분주했던 한 주가 마무리됐다. 개인적으로 는 라디오를 내려놓고 개표방송을 무사히 치뤄냈다. 4.11총선이 있었고 북 한이 장거리 미사일을 결국 쐈다. 꽃구경 간다고 주위에선 들썩이는데 진짜 벚꽃의 아름다움은 하얗게 질 때이다. 오는 봄이 도둑같다. 그렇게 소리 없이 계절이 바뀔 것이다. 다음주부터 몸이 편해진다. 24개월 동안 진행했던 라디오에서 하차한다. 지금에서야 털어놓는 거지만 처음부터 나와는 맞지 않았다. 내가 생각해도 지독히 무미건조한 방송이었다. 〈정책오늘〉 와이드 인터뷰 질문하는 말투로 DJ멘트를 했으니 듣는 이 얼마나 괴로웠을까! 몇 안 되는 청취자 여러분께 이 자리를 빌어 사과드린다. 다만 시사 프로그램이었으면 하는 아쉬움은 남는다. 새삼 과거를 들추자면, 아나운서에서 기자로 전직한 이유도 이 타고난 무미건조함 때문이었다. 원주MBC 아나운서 시절, 〈별이 빛나는 밤에〉 대신 매거진 프로를 만들었더니 제격이었다. 나는 예능보다는 시사교양 쪽으로 타고난 모양이다. 그나저나 몸은 편해졌으되 가벼워진 주머니는 어찌할까?

2012년 4월

24개월 꼬박 아침 프로그램을 진행하다 보니 매너리즘에 빠졌다. 피곤하기도 했다. 그래서 자의반 타의반으로 내려놓았다. 그런데 KTV는 좀 당황스러웠다. 연초부터 프로그램 제작비를 과하게 투입하면서 결국 사단이 벌어졌다. 연말이 되니 한 해 배정된 프로그램 편성제작비가 바닥난 것이다. 결국 프리랜서 진행자들이 일자리를 잃게 됐다. 나도 예외가 아니었다. 4년 동안 메인 뉴스프로그램 진행자였지만 어쩔 수 없었다. 제작비가 없다는데 할 말이 없었다. 케이블 채널에서 위클리 프로그램 MC로 생계를 유지했다. 1년 여를 그렇게 버티다 보니 생활은 엉망이었다.

그럴 즈음 한 대학 방송 저널리즘 과정에 산학협력교수를 선발한다는 공고를 보게 됐다. 현업 경력 10년 이상이면 지원이 가능했다. 이곳에 가고 싶었다. 방송진행자로서 아나운서와 기자, 앵커의 경험을 두루 갖췄기 때문에 자격은 충분하다고 봤다. 그래도 혹시나 하는 불안감에 방송계 선배들에게서 추천장을 준비하기로 했다. 모 방송사 대표로 있는 선배에게 찾아가서 부탁했더니 선뜻 응해주시고 친필로 추천서를 써주셨다. 고마웠다. 기자시절 알고 지냈던 고위직 공무원도 기꺼이 추천서 하나를 보태주었다. 그런데 의외의 일이 벌어졌다. 전혀 생각지도 못했던 곳에서 입사 의뢰를 받은 것이다. 이력서를 보내달라고 했고 순조롭게 입사가 결정됐다. 면접도 보지 않았다. 그리고 멀리 전라북도 군산까지 내려오게 됐다. 한낮 더위가 주춤해지고 단풍 소식이 들려오던 2014년 10월 중순이었다.

4장

커리어에
한 줄 더하다

‖ 1 ‖

낮선 환경, 서툰 영역

"건설기계 원천기술을 연구개발하는 연구소에 들어온 문과 출신"

여러 직업을 거치며 다양한 경험을 쌓았다. 그런데 마지막 직장이 연구소가 될 줄은 몰랐다. 20여 년 방송을 하면서 천직이다라고 느꼈는데 건설기계를 연구하는 연구소의 전략기획실장으로 오게 된 것이다. 생뚱맞다. 프리랜서 방송생활을 접고 군산으로 내려간다고 했을 때 지인들이 파란만장하다, 스펙터클하다는 등의 표현을 써가며 버라이어티한 나의 직장 편력에 한마디씩 했다.

고려시대 귀향형이 있었다. 삭탈관직하고 고향 앞으로 등 떼밀려 쫓겨가는 거다. 그런데 흥미로운 건 이 귀향형이 당시에는 사형 다음의 중형이었다는 사실이다. 요즘처럼 회사 그만두고 고향으로 낙향하는 것과 별반 다르게 없어 보이는데, 당시 시대 정서와 사대부들의 자존심 등 전체적인 분위기를 몰라서 그 충격의 강도를 짐작하기도 어렵지만 무언가를 도모하거나 작당하지 말고 그저 숨만 쉬고 살라는 주문 정도로 추정한다면 당사자에게는 죽음보다 강한 치욕이었을 것이다. 드라마처럼 유배지 마당에서 사약까지 받으면 두 번 죽는 거나 마찬가지였다. 조선시대로 넘어와서 귀향이 귀양이 됐다. 고향으로 가는 귀향이 아닌 귀양으로 바뀌면서 달라진 건 함경도 삼수나 갑산, 혹은 추자도처럼 아예 오지로 멀리 떠나보냈다는 점이다. 여기는 전라도 군산이다. 서울에서의 일을 정리하고 야반도주하듯 떠나 온 지도 어느덧 한 달이다. 지인 몇몇에게만 은밀하게 귀띔하고 내려왔듯 들락날락, 파란만장, 스펙타클, 버라이어티한(이 표현들은 내가 직장 때문에 군산 내려간다고 했을 때 친구나 지인들이 한 말을 그대로 옮긴 것이다.) 내 행적에 나 자신도 멋쩍어서 되도록 입을 닫았다. 사고무친 군산 내려와 홀로 지내는 생활이 아직 낯설다. 그래서 유배지 생활이 이럴까 싶은 거다. 사약보다 무서웠던 게 주군에게서 잊혀진 존재가 되는 것이었다던데, 나도 그렇게 잊혀지는 것이 싫은가 보다.

2014년 10월

　　문과 출신이 기계공학 전공 석사와 박사가 주류인 연구소에 전략기획을 총괄하러 오게 되다니 내가 봐도 당황스러웠다. 더구나 자동차에는 관심이 있었지만 굴착기나 로더, 지게차 같은 건설기계는 눈길조차 주지 않았다. 그러나 초반에 멘탈을 붙잡아야 했다. 제약회사 홍보팀장도 하지 않았던가. 닥치면 다 해내는 근성이 있으니 걱정은 되지 않았다. 내게는 듣도 보도 못했던 용어들로 가득한 보고서를 읽고 쓰고 검토하는 일이 주어졌다. 유압제어 밸브나 하이브리드 기반기술, 폐열회수 재생 기술 등 암호같

　　　　　　　　　　　　　　　커리어 리부트

은 문자로 가득한 보고서를 매일 접해야 했다. 기계공학 분야만큼 생소한 것이 또 있었다. 행정용어와 관련 법 조항들이었다. 이사회가 열리면 간사 자격으로 사회도 맡아야 하고 내규 등 의결사항에 대해 이사들에게 보고를 해야 했다. 한국건설기계연구원은 2014년 비영리재단법인인 건설기계부품연구원으로 출발했다. 산업부의 연구개발사업인 그린건설기계종합지원사업이 모태가 되어 정부출연금 250여억 원과 지방자치단체인 전라북도와 군산시 부담금 등을 포함해 417억 원이 들어간 대형사업이다. 건설기계부품연구원이 주관기관이 되고 한국기계연구원과 전북자동차기술원, 군산대학교와 한국건설기계산업협회가 참여했다. 건설기계분야 글로벌 기술규제가 강화되고 메가 트렌드기술의 경쟁이 심화되는 등 건설기계산업은 대외적 위협요인에 보다 능동적으로 대처해야 하는 도전적인 상황에 처해 있었고 이에 대한 정부 차원의 대책이 필요한 시기였다. 국내 건설기계 산업은 전문연구와 시험 인프라 부재로 인해 핵심 원천기술이나 제품 품질 경쟁력이 떨어지는 등 문제가 발생했고 이를 타개하기 위해 핵심 원천기술을 개발하고 전문 기술지원 인프라도 구축하여 국내 건설기계 관련 산업계의 국제 경쟁력을 높이고 지변도 확대해 보자는 전략이었다. 중국의 기술 추격과 선진국 리딩 기술과의 사이에서 샌드위치 신세로 갈수록 위기감은 고조되고 있었다. 베끼기는 잘하지만 정작 고유 핵심기술력은 부재했던 것이다. 언제까지 남의 기술을 베끼기만 할 것인가. 그리고 중요한 핵심원천기술은 전수되지 않고 있었다. 이러한 위기 의식 속에서 설립된 연구원의 원년 멤버로 전략기획실장이라는 중책으로 오게 된 것이다. 연관성이 전혀 없는 연구원까지 오게 된 것은 오랜 인연이 작용했다. 앞서 언급했듯 2004

년 정보통신부 출입기자였다. 말이 출입기자이지 회사의 로비 담당자였다. 방송담당 N과장이 카운터파트였다. 갈등과 협력의 시대였다. 서로의 고충을 이해했고 N과장과 친해졌다. 이명박 정부 때 정보통신부가 해체되고 iTV도 정파를 당하며 한동안 연락이 끊겼다. 그러다 2014년 N과장이 방송위원회로 복직했고 소주 한잔하며 회포를 푸는 자리가 마련됐던 것이다. 10여 년 만에 만난 반가움과 안부를 묻고 헤어졌는데 며칠 뒤 자기가 모시던 분이 신생 연구원을 만들었는데 기자 출신의 전략기획실장이 필요하다 해서 나를 추천했다고 했다. 알고보니 정통부 출입하던 당시 공보담당관이었던 것이다. 그러나 문과 출신으로 방송기자와 제약사 홍보팀장이라는 이력으로 전혀 낯선 분야인 건설기계, 그것도 전북 군산이라니! 60여 년을 살면서 군산은 한 번 다녀갔던 적이 있다. 대학 2학년 여름방학 때였다. 종교적 활동으로 알게 된 분이 군산에 사셨고 호수가 큰 게 있다며 나를 안내해준 기억이 있다. 그런데 전혀 기억이 없다. 군산에서 살게 될 줄은 몰랐다. 여기서 10년을 넘기고 정년퇴직까지 맞게 됐다. 어찌하다 보니 직장을 옮길 때마다 고향인 충주와 멀어졌다. 첫 직장인 원주는 충주와 1시간도 채 안 되는 지척이었지만 경인방송으로 옮긴 인천은 두 배 이상 시간이 걸렸고 군산은 인천보다 더 멀어지게 됐다. 낯선 도시 군산에서의 삶이 정년퇴직까지 이어지리라고는 생각 못 했다. 안정적이고 여유 있는 생활이 그렇게 붙잡아 놨을 것이고 50대를 넘긴 나이로 다른 곳을 넘볼 시기도 지난 탓도 있을 것이다.

  커리어 리부트

‖ 2 ‖

도시가 사라지고 있다

"연구소 지역 유치로 관내 기업 우선구매로 약 26억원, 지역 소비지출 추정액은 21억 원에 달한다."

출근 첫날 연구소를 구석구석 안내하던 검은 뿔테안경을 쓴 H연구원이 보도자료를 작성해 언론에 배포하는 홍보담당자였다. 2014년 11월 그가 초안을 작성해 실장인 나에게 검토를 요청한 것이다.

건설기계부품연구원 직업훈련교육기관 지정

- 기업맞춤형교육을 통한 지역 내 고용 유지율 상승과 생산성 및 품질 향상에 기대 -

건설기계부품연구원은 최근 고용노동부로부터 고용유지훈련*을 위한 직업능력개발훈련시설로 지정되었다.

* 고용유지훈련 - 생산량 감소, 재고량 증가 등으로 고용조정이 불가피하게 된 사업주가 근로자를 감원하지 않고 일시휴업, 훈련, 휴직, 인력재배치 등 고용유지조치를 실시하여 고용을 유지하는 경우 임금(수당) 및

훈련비를 지원하는 훈련

건설기계부품연구원은 13일부터 21일까지 고용유지훈련을 진행하여 회사 매출 및 생산성 저하의 어려움을 겪고 있는 군산 소재 S기업 직원들의 직업의식을 고취시키고 조직 활성화, 생산성 향상 및 품질관리 기법들의 교육을 진행하였다.

건설기계부품연구원은 이번 고용노동부의 직업능력개발훈련시설 지정으로 고용유지훈련 만 아니라 기업 친화적인 다양하고 수준 높은 교육훈련의 개발로 지역경제 활성화에 기여하고 기업의 어려움을 해결해 나갈 것으로 기대했다.

제목은 수정하지 않았다. 다만 밋밋하지 않게 '건품연, 기업교육 통해 고용유지 앞장선다'로도 바꿀 수 있다. 보도자료의 제목이 글자 수가 많고 긴 편인데 부제는 더 길어서 산만했다. 사실 뉴스의 가치로 따지면 지면에 실릴 만한 요소는 거의 없다. 부실한 재료라도 맛있는 요리를 내놔야 하는 것은 홍보담당자의 역할이다. 그렇다고 과장하거나 거짓된 통계로 분식해서는 안 된다. 강렬한 효과가 있어야 하는데 키워드 위주로 글자 수를 줄여야 한다.

즉 '기업맞춤형교육으로 고용유지와 생산성 향상까지 노린다.' 로 바꿨다. 본문은 보도자료의 정석처럼 작성됐다.

건설기계부품연구원(이하 건품연)이 최근 고용노동부로부터 고용유지훈련을 위한 직업능력개발훈련시설로 지정받았다. 생산량이 줄고 재고는 쌓이

커리어 리부트

면서 구조조정이 불가피해진 사업주에게 정부에서 지원하는 고용유지훈련은 일시적으로 고용을 이어가는 데 도움을 주는 제도이다. 고용유지훈련은 사업주가 근로자를 감원하지 않고 일시 휴업이나 훈련, 휴직, 인력 재배치 등을 통해 고용을 지속하는 경우 이들의 임금과 훈련비를 지원한다.

실제로 건품연은 지난 13일부터 21일까지 관내 S기업 00명의 직원을 대상으로 고용유지훈련을 실시했다. 최근 이 회사는 회사 매출과 생산성이 떨어져 구조조정 등의 이중고를 겪고 있었다. 이번 교육을 통해 직업의식을 고취시키고 조직 활성화와 생산성 향상, 그리고 품질관리 기법의 교육 프로그램을 통해 어려움을 헤쳐 나갈 것으로 보인다.

욕심을 낸다면 교육에 참여한 직원의 인터뷰를 넣어준다. "그동안 매너리즘에 빠져 나태해졌었는데 이번 교육을 통해 특히 품질관리 기법에 많은 정보를 얻을 수 있어서 좋았다." 등으로 말이다.

결론은 초안대로 하던가 아니면 연구소가 설립된 지 6개월 밖에 안 되어 기관에 대한 개괄적인 홍보가 필요한 시점이었기에 '한편 건품연은 국내 유일의 긴설기계 전문 연구개발 및 시힘인증기관으로 지난 3월 개원했다.'로 마치는 것도 좋다.

건설기계부품연구원은 2025년 1월부터 한국건설기계연구원으로 명칭이 변경됐다. 또 다른 보도자료의 초안이다.

한국건설기계연구원,
"대규모 수소연료전지지게차 실증 제반 확보"

한국건설기계연구원은 산업통상자원부(한국에너지기술평가원 전담)의 신재생에너지 핵심기술개발(R&D) 사업 '수소지게차 상용화를 위한 실증기반 신뢰성 검증 기술 개발'의 주관기관으로서 고려아연 온산제련소 내 실증용 수소 연료전지 지게차 22대를 추가 도입 예정이라고 밝혔다. 이를 위해 공개입찰을 진행, HD현대사이트솔루션의 3.5톤급 수소 연료전지 지게차 22대에 대한 구매계약 체결을 완료하였다. 본 계약을 통해 최종적으로 고려아연 온산제련소에서 총 30대의 수소 연료전지 지게차가 국내 산업 경쟁력 강화를 위한 연구개발 목적으로 실증 운영될 계획이다.

본 과제책임자인 K실장은 대규모 수소지게차 실증을 통해 경제성과 안전성을 분석하고 시장을 위한 보급사업 설계하는 등 경쟁력이 있는 한국형 수소지게차 운영모델을 수립이 사업의 최종목표라고 밝혔다.

이 자료는 이렇게 수정했다.

"한건연, 수소 지게차 22대 추가 도입"

－ HD현대사이트솔루션 3.5톤급, 연구개발과제 실증 목적 －

한국건설기계연구원(이하 한건연)은 수소 지게차 상용화를 위한 실증기반 신뢰성 검증 기술개발 과제의 원활한 수행을 위해 HD현대사이트솔루션의 3.5톤급 수소 연료전지 지게차 22대를 추가로 구입한다. 사업 2차년도인 지난해 8대를 구입한 데 이어 이번에 22대를 추가로 구입하는 것으로 이로

써 한건연이 구입한 수소 연료전지 지게차는 모두 30대가 됐다.

한국에너지기술평가원이 전담기관으로 신재생에너지 핵심기술개발R&D 사업인 '수소지게차 상용화를 위한 실증기반 신뢰성 검증 기술 개발'의 주관기관인 한건연은 고려아연 온산제련소 내 실증용 수소 연료전지 지게차 22대를 도입하기 위해 공개입찰을 진행했으며 최근 구매계약 체결을 완료했다. 본 계약을 통해 최종적으로 고려아연 온산제련소에서 총 30대의 수소 연료전지 지게차가 국내 산업 경쟁력 강화를 위한 연구개발 목적으로 실증 운영될 계획이다.

과제책임자인 한건연 K실장은 "대규모 수소 지게차 실증을 통해 경제성과 안전성을 분석하고 시장 확대를 위한 보급사업을 설계하는 등 경쟁력이 있는 한국형 수소 지게차 운영모델을 수립할 것"이라고 밝혔다.

이렇게 1차 수정안을 보내면 담당 연구원의 팩트 체크를 거쳐 기관장에게 보고되고 최종안이 확정되면 언론사에 배포하는 과정을 거친다. 10여 차례 수정을 거치기도 한다. 처음 입사했을 때 전문용어가 낯설어 보도자료를 쓰는 데 어려움을 겪었다. 가령 초안에 '6지유도'가 나오는데 '6지 유도'인지 '6 자유도'인지를 몰랐던 것이다. 업계 전문지와 전북특별자치도 지역언론, 그리고 산업통상자원부 출입기자단에 배포한다. 기계공학 전공자이다 보니 대부분 글쓰기에 약한 편이다. 전문용어로 꽉 채운 경우도 있다. 기자뿐 아니라 독자도 대략적이나마 이해할 수 있도록 풀어 쓰는게 중요하다. 그러려면 보도자료를 작성하는 본인부터 내용과 원리를 파악해야 한다. 기자를 직접 만나 구두로 설명할 때도 있다. 취재차 물어보는 기자에게 대답을 못하는 것만큼 창피한 것도 없다. 전문적이고 심층적인 분야이거나 도저히 설명할 자신이 없다면 해당 연구원과 동행하는 것이 좋다. 그런데 녹십자 홍보팀장 시절에도 느꼈던 것이지만 담당 연구원이나 박사의 언론 응대가 만족스러웠던 적이 많지 않다. 해당분야는 박사이지만 기자를 대하는 스킬은 초보이기 때문이다. 기자가 모르는 어려운 분야를 자세히 설명하다 보니 기자는 힘들어 하는데도 눈치가 없다. 본인의 지식 자랑으로 말이 길어질 뿐 왜 이 자리에 와 있는지를 놓치는 경우가 있다. 기자가 질문을 하면 그런 것도 모르냐며 면박을 주기도 한다. 기분 상한 기자는 5단 기사를 2단으로 줄이거나 아예 쓰지 않기도 한다. 득보다 실이 큰 것을 몇 번 본 뒤로는 가급적 내가 파악해서 혼자 나갔다.

이번에는 매체에 실릴 기고문을 검토해 달라는 요청을 받았다. 담당 연구원인 L박사가 초안을 잡았다.

[시론] 수소산업 활성을 위해 냉철한 점검이 필요할 때

과거부터 현재까지 우리 삶의 성격을 크게 바꾸는 여러 산업혁명이 있었다. 증기기관 기반의기계화 혁명, 전기에너지 기반의 대량생산 혁명, 컴퓨터와 인터넷 기반의 지식정보 혁명, 그리고 인공지능 기반의 지능 혁명이 그것이다. 여기에 수소기반의 에너지 변화는 향후 우리에게 큰 영향을 미칠 또 하나의 혁명이 될 것으로 필자는 크게 기대하고 있다. 그 시기가 언제일지가 궁금할 뿐이다.

우리는 오랜 시간 동안 석유나 석탄과 같은 화석연료를 사용해왔으며 지금도 상당부분 의지하고 있다는 데 부인하지 못한다. 하지만 글로벌 환경문제, 화석연료의 저장 한계문제, 에너지 효율화, 에너지안보화 등의 문제가 크게 이슈화되고 있는 지금 수소연료는 매우 효과적인 연료가 될 것이 분명하다. 특정 지역에 매장되어 있지 않고 모든 나라가 다양한 방법으로 생산할 수 있으며 온난화가스를 생성하지 않기 때문이다.

이미 수소와 연관된 기술들이 국내외 여러 분야에서 개발되고 있다. 수소연료전지를 이용한 현대자동차 넥소는 우리 주변에서 심심치 않게 볼 수 있고 수소충전소 역시 전국적으로 설치되어 있어 그 수는 증가하고 있다. 또한 전주-완주, 울산, 보령, 평택 등 지자체 단위에서 수소도시화를 추진하고 있으며 수소법이나 수소안전에 관한 규정도 정비되고 있다.

우리나라 수소기술의 경우 다른 나라에 비해 상당부분 앞선다고 할 수 있었으나 지금은 국외의 경우에도 많은 부분이 진행되고 있다. 일본의 경우 수소차 미라이가 운영되고 있고 대규모 수소생산 및 저장, 공급도 이루어지고 있다. 또한 미국에서는 수소지게차가 9만대 이상 판매되는 등 이미 상용화가 된 산업도 있다.

중국의 경우 수소기술의 성장속도나 적용 범위를 보면 매우 놀라운 발전을 해오고 있다. 필자는 지난해 12월 중국 상하이에서 열린 건설기계전시회를 참관하였는데 수소모빌리티의 시스템 기술이 정밀해졌고 크레인이나 콘크리드믹서 등 다양한 종류의 수소기술을 적용하는 등 중국의 수소기술에 매우 놀랐던 기억이 있다.

그럼 지금 우리는 어떻게 해야 할까? 우리정부는 2018년 수소경제로드맵을 발표하면서 수소생산, 저장, 운송, 활용 등 전주기 발전계획을 수립하였으며 2021년도 수소경제 이행기본계획을 수립하여 수소경제를 추진하고 있다. 산업계에서도 당연히 본 정부계획을 기반으로 기술개발을 추진함과 동시에 시장화에 대한 준비를 하고 있다. 하지만 본 계획들이 잘 실현되고 있는지, 필요한 부분은 없는지, 냉철하게 분석해야한다는 생각이 든다. 일예로 수소가격이 2022년도 6천 원/kg, 2040년 3천 원/kg이 목표인데 2025년 현재 1kg 당 1만 원을 내외한다. 모빌리티 보급 및 에너지 공급 역시 목표달성이 쉽지 않다. 수소법 신설은 긍정적이었다는 생각이지만 결과적으로 오히려 규제가 많아진 면이 있다. 임시허가인 샌드박스 제도가 있지만 그야말로 필요한 부분에 단기간 적용되어야 하는데 지금은 만병통치약처럼 많은 부분에 적용되고 있다. 보급사업도 부처별 조율하에 장기계획을 세우고 해당 산업이 기술 및 가격경쟁력을 보유하고 자립하는데 초첨이 맞아야 한다는 생각인데 현재 진행되는 부분은 다소 아쉬움이 있다.

정부뿐만 아니라 우리 산업계도 장시간 많은 시간과 재원을 소위 "수소"에 투자하여 왔다. 이제는 뒤로 다시 갈 수도 없고 취소할 수도 없다. 수소산업은 생산, 저장, 활용 등 전주기 연관성이 있고 국내외 에너지 정책 및 경제상황도 영향이 있는 만큼 우리는 현 상황을 냉철히 점검하고 필요하면 계획을 수정하고 실현될 수 있도록 다시금 노력을 해야 할 시점이다. 끝.

이렇게 보내도 내용 전달에는 무리는 없지만 문장의 순서를 조정해 다음과 같이 작성했다.

[시론] 수소산업 활성을 위해 냉철한 점검이 필요할 때

인류 역사는 몇 차례 산업혁명을 거치며 발전해 왔다. 증기기관 기반의 기계화를 필두로 전기에너지 기반의 대량생산 단계를 거쳐 컴퓨터와 인터넷 기반의 지식정보 혁명 그리고 인공지능 기반의 지능혁명에 와 있다. 여기에 화석연료 위주의 에너지에서 수소로의 전환은 인류의 삶에 큰 영향을 끼칠 또 하나의 혁명이 될 것으로 필자는 믿고 있다. 시기의 문제일 뿐이라고 본다. 이러한 배경에는 석유나 석탄 등 화석연료는 지구촌 환경문제와 저장의 한계. 에너지 효율화와 자원의 무기화 등 많은 문제를 안고 있어 수소연료는 이를 대체할 효과적인 에너지원이 될 것이 분명하기 때문이다. 즉 특정 지역에 편중되어 매장되어 있지 않고 전세계 모든 나라가 다양한 방법으로 생산해 낼 수 있으며 궁극적으로 지구 온난화 문제에서도 자유로울 수 있다는 장점이 있다.

수소 연료 개발의 당위성과 필요성에 대해 공감한다면 그럼 이제 기술적 부분에 대한 국내외 현실을 점검해 보자. 이미 수소와 연관된 기술은 국내외 여러 분야에서 개발되고 있다. 일본은 수소차 미라이가 운영되고 있고 대규모 수소 생산 및 저장, 공급도 이뤄지고 있다. 미국은 수소 지게차가 연 9만 대 이상 판매되면서 상당부분 상용화가 진척된 상황이다. 중국은 수소 기술의 성장 속도나 적용 범위에서 놀라운 발전을 거듭하고 있다. 필자가 작년 12월 중국 상하이에서 열린 건설기계전시회를 참관했는데 당시 중국 수소 모빌리티 시스템의 기술이 상당부분 정밀해졌고 크레인이나 콘크리트 믹서 등 여러 종류의 수소 기술을 적용한 그들의 수소 기술에 내심 놀랐던 기억이 있다.

우리의 수소 관련 기술이 다른 나라에 비해 여러 면에서 앞선 상태지만 그렇다고 안심할 단계는 아니다. 그렇다면 지금 우리는 무엇을 준비하고 실행해야 할까? 정부는 지난 2018년 수소경제 로드맵을 발표하면서 수소생산과 저장, 운송, 활용 등 전주기 발전계획을 수립하였고 2021년도 수소경제이행기본계획을 수립하여 수소경제를 추진하고 있다. 산업계에서도 이 같은 정부 플랜에 맞춰 기술개발을 추진함과 동시에 시장화에 대한 준비를 하고 있다. 이 같은 육성화 전략에 따라 수소 연료전지의 현대자동차 넥소는 흔히 접하게 되면서 수소 자동차의 상용화와 대중화가 시작됐고 이를 지원할 수소 충전소는 전국 곳곳에 설치되고 있고 갈수록 증가하고 있다. 또한 전주-완주와 울산, 보령, 평택 등 각 지자체에서 수소 도시화를 목표로 지원사업을 펼치고 있으며 수소법이나 수소 안전에 관한 각종 규정도 정비되고 있다.

그러나 이 같은 계획과 실천전략이 제대로 실현되고 있는지, 아쉬운 부분은 없는지 현 시점에서 분석할 필요가 있다. 우선 수소 가격을 보자. 2022년 6천 원/kg, 2040년 3천 원/kg이 설정 목표였지만 2025년 3월 현재 kg당 1만원 선에 머물면서 아직 갈 길이 멀어 보인다. 모빌리티 보급 및 에너지 공급 역시 목표 달성이 쉽지 않다. 수소법 신설은 산업계에 긍정적 시그널을 줬지만 결과적으로 오히려 규제만 많아졌다는 소리가 시장에서 나오고 있다. 임시허가인 샌드박스 제도가 있지만 필요한 부분에 단기간 적용되어야 하는데 지금은 만병통치약처럼 폭넓게 적용되면서 실효성에 의문이 든다. 보급사업도 각 부처별 조율에 따라 장기적인 계획을 세우고 해당 산업이 기술과 가격 경쟁력을 갖추고 자립하는 데 초점이 맞춰져야 하지만 지금 진행되는 부분은 아쉬움이 있다.

정부뿐 아니라 산업계도 많은 시간과 예산을 수소에 투자해 왔다. 이제는 뒤로 갈 수도 없고 백지화할 수도 없다. 수소산업은 생산과 저장, 활용 등 전주기 연관성이 있고 국내외 에너지정책 및 경제에 미치는 영향이 큰 만큼 우리는 현 상황을 냉철히 점검하고 필요하다면 계획을 수정하고 제대로 실현될 수 있도록 스스로를 돌아봐야 할 때가 아닌가 싶다. 끝.

연구소는 대리나 과장, 부장 등의 직책이 아닌 전임과 선임, 그리고 책임과 수석급으로 승진한다. 수석급이 존재했으나 후에 책임과 통합되어 우리 연구소는 일반 연구 원급과 전임, 선임, 책임으로 나눠진다. 수도권과 거리가 멀다 보니 예기치 못했던 문제들과 직면하게 됐다. 가장 큰 것이 우수인재의 영입이다. 지원자가 적어서 애를 먹는다. 서울이나 수도권 출신은 대전 밑으로는 내려오지 않는다는 말을 한다. 조직 발전의 핵심인 인재영입이 어렵다면 어떤 방안을 마련해야 할까? 강제로 끌고 내려올 수 없으니 답답하다. 직장인 익명 게시판인 블라인드에 들어가 한국건설기계연구원 리뷰를 검색해 보면 위치 문제가 애로사항으로 거론된다. 내 생각이지만 만약 서울에 있었다면 우리 연구소 위상도 많이 달라졌을 것이다. 블라인드에 가입되어 있는데 회사명이 아닌 새 회사로 분류되고 있다. 120여 명이 근무하는 신생 연구소인 탓이겠지만 한국건설기계연구원이라는 회사 이름을 드러내고 널리 알릴 수 있는 날이 오길 기대한다.

대한민국에서 도시가 사라지고 있다. 지역소멸론은 지역민들에게 당장 닥친 주요 현안 가운데 하나다. 한낮인데도 시내 중심가에 다니는 사람을 찾을 수 없는 도시가 늘고 있다. 전북특별자치도도 예외는 아니다. 새만금 개발이라는 호재로 지역경제를 일으켜보려는 노력이 한창이다. 지역 소멸의 위기를 타개하기 위해 기업이나 연구소 등을 유치하려는 노력을 각 지자체마다 사활을 걸고 벌이고 있다. 2018년 2월 중앙일보에 게재된 칼럼에서도 이 같은 움직임이 읽힌다.

새만금, 제조와 ICT융합 테스트베드로

지난해 말 의원회관에서 문재인 정부 신산업 전략토론회가 '새로운 시대, 새로운 길'이라는 부제로 개최됐다. 대한민국이 마주한 4차 산업혁명이라는 시대적 변화에 어떻게 대처해 나갈 것인가를 놓고 각계 전문가들의 의견을 듣는 자리였다. 이 자리에 참석한 홍영표 국회 환경노동위원장은 "이번 정부의 핵심과제로 혁신성장을 설정했다"라고 밝히고 "혁신성장은 4차 산업혁명의 물결 속에서 새로운 먹거리를 찾아 대한민국 신성장동력으로 삼겠다는 의지의 표현"이라고 설명했다.

주제발표와 토론이 이어지는 가운데 특히 주목한 것은 새만금이 언급됐다는 점이다. 신기술의시험과 인증, 그리고 실증을 통하 초기 시장 창출을 위해 전략적 테스트베드 거점의 구축이 필요한데 적합한 지역이 바로 새만금이라는 것이다. 사실 전북 서북권은 건설기계 완성차 및 부품기업과 농기계, 상용차단지 등 제조업의 기반이 갖춰져 있고 국제공인시험기관(KOLAS)으로 인정을 받은 건설기계부품연구원이 자리하고 있어 제조와ICT융합 농건설기계의 테스트베드가 만들어지기에 전혀 부족함이 없다. 토론회에선 주요 업종, 신산업 전반으로 융합 얼라이언스를 확대하

커리어 리부트

고 활성화를 촉진해야 한다는 의견도 나왔다. 구체적 사례는 지난 2015년 출범한 자동차 융합얼라이언스다. 완성차와 부품사, IT분야와 통신, 서비스 등 다양한 분야의 기업이 참여하고 이들이 융합, 협업 연구개발 과제의 기획 및 실행, 자동차와 이업종 간 협력사업 발굴 등을 해나간다는 것이다. 자동차와 연관산업의 구조 고도화, 국제경쟁력 제고 등 '2020비전'을 실현하고 있는 자동차융합기술원의 추진 전략과도 맥을 같이 하고 있다. 2016년 기준 1300여 개 기업이 77조 원의 매출을 기록하고 있는 판교테크노밸리는 울산과 창원에 이어 한국산업의 심장으로 부상했다. 66만㎡ 규모의 판교테크노밸리에 7만5천여 근로자가 출근하고 있고 이 가운데 70%가 20~30대 청년층이다. 지역 경제성장과 국가 균형발전정책으로 클러스터 정책이 시작된 이후 생산기능 중심의 산업단지에 R&D기능을 강화한 혁신 클러스터가 육성되기 시작했다.

건설기계부품연구원도 전북에 있는 관련 기업 중심의 미니클러스터를 활성화해 현대중공업 군산 조선소와 한국 GM 군산공장 조업중단 등으로 위기를 겪고 있는 이 지역을 건설기계특화단지로 조성해 나갈 계획이다. 정부도 올해 초 군산을 건설기계특화단지로 조성해 나갈 것이라고 밝혀 건설기계부품연구원의 역할과 비중이 한층 확대될 전망이다. 제조와 ICT 융합 농건설기계테스트베드나 융합얼라이언스가 혁신클러스터로 발전한다면 국토균형발전 차원에서도 새만금은 제2의 판교테크노밸리가 될 수 있을 것이다. 끝.

사실 한국건설기계연구원이 군산에 자리한 것도 전북특별자치도에서 상당한 노력을 기울인 결과다. 2014년 개원할 때 50여 명이었던 연구원이 2025년 현재 두 배가 넘는 120여 명이 근무하고 있다. 가족의 이주까지 더해진다면 200명이 넘는 인구유입 효과가 있다. 경제적 효과를 분석해 봤더니 사업비 집행에 따른 관내 기업 우선구매로 지역에 소재한 기업에 연간 약 26억 원, 지역 소비지출 추정액은 21억 원에 달하는 것으로 조사됐다. 연구소 한 개 유치로 인한 경제적 효과이니 대기업이나 종합대학이 지역경제에 미치는 영향이 얼마나 큰지 알 수 있다.

기고문 하나를 더 소개한다.

제목 : 과학과 비즈니스 만나는 곳, 융합신산업이 싹튼다

인구 550만의 북유럽 국가 핀란드는 과학과 기술분야 종사자가 절반에 이르는 기술혁신 강국이다. 지난 2009년 세계 3위의 기술혁신국가로 선정된 바 있는데 수도인 헬싱키 오타니미에 지역에는 26개 학위과정에 1만 6,000명의 학생이 공부하고 있고 5,000여 명의 연구원이 연구개발(R&D)에 몰두하고 있다. 800개 회사에서 2만 명의 첨단기술 전문가가 근무하는데 매년 새롭게 생기는 벤처회사만 70여 개에 달하는 핀란드의 실리콘밸리이다. 이 가운데 특히 눈여겨볼 것이 국가연구 종합인프라인 오타나노(OtaNano)다. 최첨단 나노리소그래피를 포함한 다용도 및 가공설비 시설, 마이크로 패키징을 위한 클린룸 등을 갖추고 있고 고해상도 전자현미경과 주사 탐침현미경 등 첨단장비가 2600㎡ 규모에 구비돼 있다. 이 같은 연구장비시스템은 마이크로 및 나노기술 분야의 연구와 제품개발이 필요한 연구자나 기업, 심지어 외국인에게도 개방돼 있다. 그들의 슬로건대로 '과학이 비즈니스와 만나는 곳'이다.

사실 공공연구소나 대학 등에서 사용하는 산업기술장비는 대당 적게는 수천만 원에서 많게는 수십억 원이 넘는 고가다. R&D와 글로벌 경쟁력을 위해 비싸지만 반드시 필요한 것인데 산업통상자원부는 지난 2000년부터 2012년까지 기반조성사업과 기술개발사업 등을 통해 3조 원어치, 약 2만여 대를 전국의 연구기관과 대학 등에 구축했다. 이들은 산학연 공동활용장비와 기술개발용 단독활용장비로 나뉘어지는데 이중 60%가 넘는 1만 2,000여 종이 공동활용장비이다. 그런데 가동률이 절반인 50%에도 미치지 못하고 있었다. 그래서 정부는 장비통합관리플랫폼(e-Tube)를 사용해 산업기술개발장비 도입 활용 혁신대책을 내놨다. 장비의 검색부터 위치와 사양, 온라인 사용 예약과 후기 작성까지 가능하도록 한 것이다. 누구든 필요한 장비가 있다면 e-Tube에 접속하면 되게끔 바뀐 것이다.

지난 2015년 시작된 '기술개발지원기반 플랫폼 구축사업'은 연구장비의 공동활용도를 높이자는 취지에서 시작됐다. 산업별, 업종별 연구장비의 공동이용 플랫폼을 구축해 중소기업의 장비 사용에 대한 접근성을 낮추고 이를 통해 기술력을 확보하자는 취지이다. 반도체와 LED를 비롯해 자동차와 세라믹 등 7개 분야로 주요 산업이 망라되어 있다. 가령 한국기계연구원이 기계류의 시험평가와 분석을, 건설생활환경시험연구원은 금속의 고장원인에 대한 분석과 애로기술을, 건설기계부품연구원은 건설기계 완성차의 시험평가 등을 지원하는 것이다. 아울러 장비를 다루는 인력에 대한 이업종 간 기술교류와 네트워킹 구축도 수반됐다. 2만여 장비를 클릭 한번으로 어느 기관, 누구를 찾으면 되는지 한눈에 볼 수 있는 원스톱서비스가 가능하게 된 것이다.

벽이 높았던 7개 산업의 각기 다른 30여 개 연구기관 간 소통의 장이었던 '기술개발지원기반 플랫폼구축사업'이 지난 10월말 종료됐다. 자동차와 섬유가 만나고 조선과 세라믹이 융합되어 세상에 없던 신산업을 만들 수 있으려면 이 사업은 지속되어야 한다. 4차 산업혁명의 파고를 넘으려면 1년 내내 문이 열려 있는 오나타노가 우리에게도 필요한 것이다.

2018년 12월 헤럴드경제 기고문

‖ 3 ‖

인력양성사업 10년

"과제책임자는 6개월 이상 해외 근무하거나 퇴직하지 않는 이상 바꿀 수 없다."

정부R&D예산은 눈먼 돈이라는 기사가 단골처럼 나온다. 애쓰지 않고도 공으로 얻을 수 있다라는 말인데 정부와 연구소를 겨냥해 언론에서 흔히 쓰는 표현이다. 지금도 포털을 검색해보면 관련된 기사가 많다. 기자시절 공격의 대상이 됐던 연구소에 몸담게 될 줄 몰랐다. 비판의 대상이 된 셈이다. 그런데 눈먼 돈처럼 마냥 손쉽게 예산을 지원받을 수 있는 시스템은 결코 아니다.

과제 공고가 나면 관련 분야 연구소나 대학에서 바쁘게 움직인다. 아니 공고가 나기 전, 사전 준비된게 대부분이다. 최소 2~3년 전 기획단계에서 부터 관련부처 공무원과 업계, 연구소나 대학 등에서 과제의 필요성과 당위성 등을 준비한 것이다. 과제 총괄책임자(이하 과책)가 10여 명 가량의 과제 선정평가 위원 앞에 서서 PPT자료를 바탕으로 30분 동안 설명하고 30

분 동안 질의응답이 진행된다. 반드시 과책이 발표하는 것이 원칙이다. 주
로 대학교수나 이공계 연구소에서 과제 선정평가를 오랜 기간 동안 해온
전문가들이 매의 눈으로 사업계획서를 살펴보고 허황되거나 애매모호한
부분이 있는지 따져본다. 이런 과정을 거쳐 과제가 선정되면 3년에서 5년
의 사업기간 동안 적게는 수억 원에서 많게는 100억 원이 넘는 큰 예산을
책임지는 과책이 된다. 과책은 6개월 이상 해외 근무하거나 퇴직하지 않는
이상 바꿀 수 없다. 발표 당시 과책을 보고 과제를 맡긴 것이기에 다른 사
람이 대신할 수 없는 것이다.

연구소 운영이 걸린 만큼 연구원 개인뿐 아니라 연구소 차원에서도 적극
적으로 수주 경쟁에 나선다. PPT발표 자료를 전문회사에 맡겨 겉보기 근
사하게 만들기도 한다. 스토리텔링까지 갖춰 과제가 왜 선정되어야 하는지
를 일목요연하게 정리한다. 문제는 과책인 발표자의 프레젠테이션이다. 초
긴장 상태에서 주어진 시간 내에 정확히 발표를 마쳐야 한다. 시간 조절을
잘못 계산해 중요한 부분을 말하지 못하거나 너무 빨리 끝나서 성의없게
비칠 수도 있기에 사전에 타이머를 맞춰놓고 시간을 측정해봐야 한다. 그
런데 이것이 말처럼 쉽지 않다. 말을 더듬거나 발음이 좋지 않거나 혹은 긴
장한 탓에 톤을 높인다. 이마와 손에 땀이 흥건해서 보기 안쓰러울 정도다.
많게는 10명으로 구성된 평가위원들에게 이 같은 모습이 좋은 점수를 받는
데 도움이 되지는 않을 것이다. 경쟁PT는 해당분야의 박사라도, 오랫동안
종사했던 베테랑이어도 긴장할 수밖에 없다. 연구소 입사했을 무렵 회의
시간 몇몇 박사급 연구원들의 발표를 지켜보면서 아나운서 아카데미 시절
의 경험을 살려 발음과 발성이 포함된 스피치 교육을 받으면 훨씬 도움이

될 수 있지 않을까 하는 생각을 했다. 발음만 명확해도 전달력이 크게 높아진다.

전략기획실장으로 영입됐지만 1년여 근무한 뒤 인력양성과제를 맡게 되면서 대외협력실장으로 자리를 옮겼다. 산업통상자원부에서 지원하는 석사와 박사급 인력양성프로그램인 건설기계R&D전문인력양성사업의 과제책임자가 된 것이다. 과제를 처음 런칭한 총괄책임자가 일신상 이유로 퇴사하면서 그 자리를 이어받게 된 것이다. 산업통상자원부 산하 한국산업기술진흥원(KIAT)가 전체적인 사업관리를 하는 전담기관으로 전자와 자동차, 조선과 반도체, 섬유 등 각 산업별 연구개발인력을 정부 예산으로 지원하는 산업혁신인재성장지원사업이다. 산업분야별로 50여 개 사업이 운영 중인데 그동안 건설기계는 지원 프로그램이 없었고 새로 만들어진 것이었다.

이렇게 시작된 인력양성 과제 책임자라는 자리는 후속 5년 과제인 스마트건설기계전문인력양성사업까지 이어지면서 모두 10년을 하게 된다. 본의 아니게 국내 건설기계 석박사인력 양성 프로그램의 전문가가 되어 버렸다. 군산대학교와 인하대학교, 울산대학교 등 각 대학의 대학원에 건설기계전공 학과를 신설하고 학생을 모집하여 기업으로 취업시켰다. 지금도 마찬가지지만 학생들은 1지망으로 자동차회사로 취업하기를 바란다. HD라는 대기업 내에서도 자동차와 조선, 건설기계 회사의 연봉이 다르게 책정되다 보니 가장 연봉이 높고 인기도 많은 자동차회사로 쏠리는 현상은 어쩔 수 없다. 이 사업의 취지가 정부 예산을 들여 해당 분야 R&D인력으로 키웠으니 그 분야로 취업해야 할 의무가 있다. 그런데 막상 삼성전자나 현대자동차로 취업하는 일이 종종 발생한한다. 사업이 끝나면 1년의 실적에 대한 평가를 받는데 이 부분이 단골 지적 대상이 됐다. 평가위원들의 지적은 당연한 말이고 과책으로서는 뼈아픈 대목일 수밖에 없다. 그러나 사람 일이라고 하는 게 계획된 대로, 의도대로 흘러가진 않는다. 건설기계가 아닌 다른 산업군으로 취업을 해도 그는 산업발전에 기여하고 있는 것이다. 10년 동안 사업을 맡으면서 530여 명에게 교육의 기회를 제공했고 150여 명의 석사와 박사를 배출했다. 건설기계 회사뿐 아니라 농기계와 방위산업체, 특장차 분야로 100여 명이 취업했다. 초창기에 입사한 경우 이제 중견급으로 성장했을 것이다. 이 같은 성과를 바탕으로 기계와 로봇산업 발전 유공자 포상에 신청서를 냈다. 결과는 2025년 하반기쯤 나오고 시상은 연말에 있다. 정부에서 시상하는 훈포장 관련 공적사항을 본인이 작성해 제출한다. 2천자 내외로 작성하고 이밖에 개인정보 제공동의서와 정보제공동의서, 정부포상에 대한 동의서 등을 제출하면 된다.

상기인(최준묵)은 2015년 5개년 사업인 건설기계R&D전문인력양성사업 2차년도인 2016년 3월부터 과제 책임자를 맡아 사업 수행기간 동안 군산대, 인하대, 울산대 3개 대학과 유기적 업무체계를 구축하였으며 특히 국내 처음으로 일반대학원에 건설기계학과를 신설하도록 함. 5년 동안 수혜인원 184명(달성율 98%), 모집인원 102명(96%), 배출인원 46명(77%), 취업 36명(69%)의 실적을 달성하였음. 사업 초기 학사 일정과 학과 신설로 학생 모집에 어려움을 겪어 모집과 배출인원 등 정량적 목표를 달성하지 못함. 반면 수혜학생이 기간 중 필수로 참여하는 산학프로젝트는 70건(107%),

참여기업 69개(138%)로 목표를 초과달성하였으며 교과목개발은 41건이 이뤄져 141%를 달성했음. 본 사업의 가장 유의미한 성과 중 하나는 자동차나 선박 등 타 산업군에 비해 청년층의 선호도가 낮았던 건설기계에 대한 인식 개선이었으며 이를 통해 석·박사 연구개발인력 유입과 중견·중소기업의 생태계 구축, 이를 통한 취업연결이라는 선순환 구조를 만들었다는 점임. 2020년 후속으로 스마트건설기계전문인력양성사업 총괄 책임자로 군산대, 인하대, 울산대, 한양대 에리카 4개 대학과 한국건설기계산업협회가 수행기관으로 참여하여 5년간 245명 수혜와 72명 배출(4차년까지 실적)이 목표인 사업을 수행함. 스마트건설기계 산업의 창의융합형 전문인력양성과 고용연계기반 구축이 사업의 목표로 175명 수혜, 102명 배출을 정량적 목표로 제시하고 과제를 성공적으로 수행하였음. 융합형 석박사와 수요자 중심의 산업변화 대응 전문교육과정이라는 투트랙으로 사업을 수행했으며 수행기관인 대학에서 커리큘럼을 통해 산업수요에 맞춘 인력을 양성하였고 주관기관인 한국건설기계연구원에서는 산연 전문가 그룹을 구성하여 기술변화 대응형 교육과정 개발과 운영이 가능하도록 지원하였음. 기업 현장에 나가 기업에서 연구개발을 담당하고 있는 연구자와의 직접 소통하고 살아 있는 교육을 접할 수 있는 단기교육과정이 특히 학생들에게 살아 있는 정보를 제공하는 프로그램이었고 이를 통해 기업에서는 우수한 인재를 미리 선점할 수 있는 기회가 되기도 했음. 연 2회 실시하는 기술포럼은 지능형 건설기계 기술개발이나 수소경제 등 친환경 건설기계의 이해 등 학교에서 배우기 힘든 교육과정을 전문가를 통해 접하는 기회를 제공하였음. 현재 5차년 과제종료시점으로 최종 실적은 미반영되었으며 추후 업데이트 할 예정임. 4차년까지 실적은 수혜인원 265명(목표 245명), 배출 72명(72명), 취업 57명(42명)이며 산학프로젝트 60건(목표 52건), 교과목개발 35건(목표 28건) 등의 실적을 달성하였음. 2기 사업은 기계공학과 위주가 아닌 전자와 화학, 통신 등을 전공한 수혜학생이 융합형으로 참여하여 인공지능과 빅데이터 등 말 그대로 스마트건설기계를 연구개발할 수 있는 인재 양성에 주안점을 뒀으며 이를 위해 온라인 교육과정을 도입해 타 전공자도 스마트건설기계 커리큘럼에 연착륙하도록 지원하는 프로그램을 운영하였음.

(…후략…)

수상 여부는 올 하반기 결정되고 시상은 연말에 있다. 대통령이나 국무총리포상은 실적에 대한 철저한 검증과 현장 확인 등을 거치고 경쟁률도 높다.

‖ 4 ‖

잘생김을 연기하라

"아나운서가 되면서 평범했던 얼굴과 목소리가 어느새 잘생김으로 바뀌었다."

1991년 원주MBC 공채 시험은 아나운서와 기자의 역할도 모른 채 시험을 치뤘다. 붙었다는 사실이 놀라울 따름이다. 고등학교나 대학시절 방송반 근처에도 간 적 없었고 목소리가 좋다는 칭찬도 들어본 적 없었다. 장래 희망이 방송인은 더더욱 아니었다. 그런데 덜컥 40대 1의 경쟁을 뚫은 것이다. 아주 시소해 보이지만 작은 차이가 결과를 낳았다고 본다. 카메라 테스트를 치르는데 나를 제외한 누구도 헤어제품으로 머리스타일을 반듯하게 정리하고 화장품을 써서 분장을 하지 않았다. 나만 2대 8의 부잣집 도련님 헤어스타일로 이마가 보이게끔 머리를 정리하고 얼굴에는 아내의 화장품을 빌려 분장을 했다. 지금이야 남자들도 당연히 메이크업을 하지만 아직 방송직군에 대한 치밀한 준비성이 부족했던 그 시절에는 그런 기초적인 상식조차 갖춘 응시생이 많지 않았던 것이다. 나는 무슨 생각으로 분장을 했던 것일까.

석 달 전 결혼식에서 한 차례 분장을 받아 본 것이 그대로 학습된 것 같다. 결혼식에서 헤어스타일링을 하고 분장까지 마치니 보기 좋게 나왔던 것을 떠올린 것이었다. 대기 중일 때 화장실로 들어가 아내에게 빌려서 메이크업 베이스로 간단히 분장을 했다. 아무리 잘생기고 깨끗한 피부라고 해도 눈부신 조명 아래 카메라에 비치면 유분 때문에 번질거리며 실물보다 훨씬 나쁘게 나온다. 결혼식 비디오 촬영화면을 보고 순간적으로 내린 결정이었다. 경쟁자들의 생얼과 메이크업을 한 내 얼굴은 모니터 화면에 확연하게 차이가 났을 것이다. 그날 입었던 내 옷차림에서도 남다른 플러스 요인이 있었다. 결혼한 지 얼마 안 된 탓에 지원자들보다 세련돼 보이는 차콜그레이 색상의 더블 브레스티드 수트를 입고 시험을 치뤘다. 의도한 바는 아니었지만 남과는 확연히 차별화된 전략이었다.

"양복이 근사하네요."

면접관의 한마디가 나를 춤추게 했다. 아마도 그들은 시험을 위해 새 수트까지 마련하는 투자를 했다고 생각했을지 모른다. 지금은 옷차림도 전략이라는 말이 통용되지만 그때만 해도 남자가 멋 부리는 것은 좋게 보지 않았다. 남자가 옷이나 헤어스타일을 신경쓰면 속칭 날라리처럼 보이던 시절이다. 흔치 않은 더블 브레스티드 수트에 분장까지 했지만 가벼워 보이지 않고 격식에 맞게 잘 차려입은 것으로 보였다. 어찌 보면 아주 작은 차이였을지도 모른다. 응시자 가운데 '뭐 그런 것까지 신경써야 돼?'라고 메이크업이 필요하다는 조언에 남자다운 척 무시했을지도 모른다. 그러나 하찮게 보였던 것들이 모여 결과를 바꿔놓았다. 결과적으로 말이다. 나는 아나운

                                        커리어 리부트

서로 방송을 시작했다. 그러나 정작 아나운서가 되고 보니 앵무새라는 좋지 못한 비아냥이 들렸다. 남이 써 준 원고나 읽고 기자가 쓴 기사를 대신 읽어주는 사람들이란 뜻이었다. 기자나 PD에 비해 방송영역에서 아나운서만 제대로 대접을 못 받고 있다는 생각을 하게 된 것이다. 그래서 방송사 내부에서도 기자나 PD에 비해 중요도에서 후순위로 밀리는 직종이라고 여겼다. 아나운서 출신이라는 것은 스스로의 한계가 되고 있었던 것이다.

그러나 아나운서는 모든 것을 다 갖춘 팔방미인이어야 가능하다. 어른들이 남자를 평가할 때 신언서판(身言書判)으로 가늠해 본다고 했다. 외모를 비롯한 건강한 신체와 언변, 그리고 글재주와 판단력인데 사실 이 4가지를 다 갖추기란 쉽지 않은 일이다. 내 기준으로는 지상파 공채 출신의 아나운서라면 4가지 조건을 갖춘 사람들이다. 그만큼 준수한 외모와 좋은 목소리, 글재주와 생방송 중의 방송진행 판단력 등을 두루 갖추고 있는 것이다. 사람은 환경에 따라 맞춰지고 변해간다. 전형적인 미남은 아니지만 중저음의 목소리와 매력적인 영국식 발음으로 잘생김을 연기한다는 평을 받는 베네딕트 컴버배치처럼 아나운서가 되면서 평범했던 얼굴과 목소리가 잘생김으로 비뀌게 되었다.

건강한 신체는 부모로부터 타고 났겠지만 나이 먹어서도 유지하기 위해서는 꾸준히 가꾸고 운동을 해야 한다. 특히 아나운서나 방송기자, 앵커를 꿈꾸는 사람이라면 더더욱 그러하겠다. 고등학교 3학년 대학입시를 치르고 난 뒤 담배를 처음 배웠다. 물론 그 이전에도 어른들 몰래 호기심에 몇 모금 피워보기는 했으나 본격적으로 담배를 피우기 시작한 건 대학 들어가면서 부터였다. 흡연의 습관은 군대에서 굳어졌고 아나운서가 된 이후에도 계속 담배를 피웠다. 1991년 입사할 당시만 해도 사무실에 크리스탈로 된, 꽤나 고급스러워보이는 재떨이가 책상에 하나씩 놓여있었다. 간접흡연의 폐해가 얼마나 해로운지 개념조차 없던 때였다. 라디오 원고를 쓴다거나 생각이 잘 풀리지 않으면 담배부터 손이 갔다. 하루에 두 갑씩 피웠으니 헤비스모커였다. 담배 때문에 곤란해진 것은 아침 뉴스 때였다. 가래가 끓더니 뉴스멘트 도중 목이 잠겨버리는 것이었다. 그날 뉴스는 엉망이었다. 담배 끊는 것을 차일피일 미루고 있다가 이 날 이 사건이후로 담배를 손에서 놨다. 1996년도 일이다. 13년을 피웠으니 아직도 몸안에 니코틴 성분이 남아 있을런지 모르겠다. 그러나 단번에 담배를 끊었다. 어려움은 전혀 없었다. 그때만 해도 흡연자에 대한 박해(?)가 심한 편이 아니었고 담배를 끊었다고 하면 다들 독하다고 한마디씩 핀잔을 주던 시절이었다. 목소리 관리를 위해 13년을 피워 온 담배를 하루아침에 끊을 수 있었다. 방송하는 사람은 자기관리가 특히 중요하다. 지식을 쌓은 것만큼이나 외모도 관리해야 한다. 술과 담배에 절어서 젊은 시절을 보내다 보면 40대 중반을 지나면서 손쓸 방법이 없을 정도로 망가지게 된다. 사람의 얼굴만 봐도 그 사람의 성격이나 태도, 목소리 등을 대략 짐작할 수 있다.

나이에 걸맞지 않게 미간에 주름이 깊이 패인 사람, 얼굴과 몸매 전체가 살이 쪄서 나이 자체를 가늠할 수 없을 정도인 사람 등 외모에서 나오는 10초간의 첫인상이 그의 살아 온 지난 시간을 엿볼 수 있게 한다. 물론 대화 한마디 나눠보지 않고 상대를 파악한다는 것은 금물이지만 대화를 하다 보면 첫인상과 똑같이 맞춰지는 것에 놀랄 때도 있다. 배가 나오는 것도 볼썽사납기는 마찬가지다. 어느 여름, 절전운동이 벌어지면서 앵커들도 양복

상의를 벗고 와이셔츠 차림으로 뉴스를 진행한 적 있다. 문제는 배 나온 앵커들이었다. 재킷으로 가려졌던 생생한 몸매가 그대로 드러나면서 배불뚝이들이 뉴스를 진행하고 있었던 것이다. 평소에 꾸준히 자신의 몸을 관리하지 않으면 이런 불상사가 생기는 것이다. 이렇게 운동을 하다 보면 몸에 쌓였던 노폐물들이 땀과 함께 배출돼 스트레스도 풀리고 노화방지와 좋은 목소리 유지에도 도움이 된다. 취재경력도 없던 아나운서 출신이 기자 세계에 연착륙할 수 있었던 것은 내가 지닌 또 다른 장점이 발휘됐었기에 가능했다. 취재수첩을 꺼내 취재원과 나눈 대화를 일일이 기록하고 오늘 있었던 취재 내용을 미리 머릿속에 그려놓고 마지막 클로징 멘트까지 현장에서 녹화하고 돌아오면서 서서히 방송기자의 틀을 갖춰갔다. 의외로 쉽게 방송기자에 적응이 됐다. 내가 타고난 방송기자라는 것은 아니다. 아나운서 시절부터 꾸준히 해왔던 시사 따라잡기 노력과 소리 내서 신문을 읽던 연습이 후에 훌륭한 자산이 됐다. 이 밖에도 내게 유리한 몇 가지 이유가 있었다. 우선 방송 리포트 기사의 분량은 일정한 틀 속에 규격화돼 있다. 시간으로는 1분 40초, 8개에서 9개 정도의 문장과 중간 인터뷰나 싱크(정식 인터뷰가 아닌 대화 도중의 필요한 말)기 대략 10여 초 정도 들어기는 식이다. 물론 집중취재처럼 호흡이 긴 리포트도 있기는 하다. 그러나 그것 역시 시간으로는 4분을 넘지 않는다. 글쓰는 재주는 있었고 이렇게 문장을 현장에서 바로 만들어내는 것은 어려운 것이 아니었다.

또 다른 이유는 방송 기사가 문어체가 아닌 구어체라는 점이다. 말하듯 쓰는 방송 기사는 7년간의 아나운서 시절 매일 원고를 쓰면서 익숙했던 작업이었다. 오히려 어려운 말을 시청자에게 풀어쓰듯 더 쉽게 전달하려 했기에 이해하기 어렵게 쓴 기사도 내가 쓰면 쉽게 풀어쓸 수 있었다. 물론 그 취재 내용을 100% 이해하고 있는 상황이 전제가 되어야 한다. 또 다른 이유는 카메라 앞에서 스탠딩 멘트를 하거나 녹음할 때 남보다 더 정확한 발음으로 뉴스를 읽을 수 있다는 아나운서 출신의 장점이었다. 아나운서가 되고 싶었는데 외모나 발음, 목소리 등의 핸디캡으로 아나운서 대신 어쩔 수 없이 기자를 하는 경우도 있다. 실제 모 방송기자의 경우 아나운서가 꿈이었지만 아나운서에는 살짝 못 미치는 외모 때문에 기자가 된 케이스였다. 선배들이 그에게 "못생긴 아나운서 할래, 아니면 예쁜 기자 할래?"라고 놀리듯 물었다고 한다. 나중에 그는 뉴스앵커도 맡는 등 나름의 활약을 통해 본인 만족을 했을 것이다. 프리랜서 앵커로 방송을 할 수 있는 것도 방송의 처음을 아나운서로 시작했기 때문에 가능한 일일 것이다. 발음과 발성의 방송언어 기초를 충분히 익히고 난 뒤 기자로 전직했기에 같은 리포트를 만들더라도 전달력이 좋은 리포팅을 할 수 있었다.

 커리어 리부트

‖ 5 ‖
리더라는 자리

'매체 종사자는 자신의 창조적 노력이 조직이라는 전체 틀 안에서 관료화 되었을 때 소외감을 느낀다.' -J. Farrell-

iTV는 태생적으로 한계를 안고 있던 방송사였다. 인천이라는 도시가 갖는 이중적이고 애매모호한 지역색 때문이다. 서울 생활권인 탓에 인천이라는 도시에 대한 애정이 부산이나 대구 같은 다른 대도시에 비해 턱없이 낮았다. 인천시민이라는 응집력이 약했고 지역에 대한 애착도 옅은 편이었지만 문화적 수준이나 눈높이는 상당히 높은 수준이었다. 사정이 이렇다 보니 지역의 오랜 숙원이었던 민영방송이 설립됐어도 폭발적인 반응이 전해지지 않았다. 이미 메이저 방송에 익숙해진 탓에 최소한 그 수준에 맞춰야 했고 그러면서도 지역방송이라는 애정은 희박했던 것이다. 우려는 곧 현실이 됐고 인천의 기존 유선방송과 혼동하면서 관심조차 미약했다. 그러다 메이저리거 박찬호 선수의 단독중계권을 가져오면서 전국적인 관심을 얻는데 성공했다. 인지도를 높이며 전국방송화하는 기틀을 마련했으나 방송권역의 재설정 문제로 축소되면서 다시 위축되었다. 방송권역의 설정문제는 iTV가 존재하던 내내 괴롭혔던 문제였다. 특히 기존 지상파방송들이 iTV 전파가 서울로 넘어가는 것에 사활을 걸고 반대하면서 시청자 확보에 어려움을 겪었다. 더구나 인천에서조차 iTV를 시청할 수 있는 가구가 많지 않았던 것은 치명적인 약점이었다. 회사 사정은 갈수록 악화됐고 패배주의가 퍼지기 시작했다.

방송사의 핵심은 보도국 기자들이다. 기자들이 이합집산하거나 기자 집단 전체가 각자 엉뚱한 곳에 마음이 팔려 제 역할에 충실하지 못하면 그 방송사는 망한다. 경인방송 보도국이 그러했다. 방송과 신문으로 출신을 따지며 반목했고 구성원의 동의 없는 승진이 단행됐다. 경력기자들은 나이와 경력이 뒤섞여 서열조차 확립하지 못했고 서로에 대한 불만만 쌓여갔다. 하나가 되어도 이기기 힘든 거대 방송사와의 싸움인데 우리 내부에서 서로에게 상처를 주고 있었다. 모두를 아우를 수 있는 리더가 없었다. 쓸 만한 인재들이 하나둘 회사를 떠나기 시작했다. 망하는 회사는 항상 그렇듯 우수한 인재가 먼저 떠난다. 그리고 갈 곳 없는 자만 남게 된다.

"리더란 조직이 위기에 직면했을 때, 조직원이 혼란스러운 상황을 탈출하기 위해 신뢰하는 존재다. 따라서 리더에 대한 기대감은 위기국면에서 고조된다. 역경 속에서 리더십도 발전하는 것이다."

니산 자동차 사장 카를로스 곤

보도국은 다른 부서에 비해 유달리 리더의 부재가 심했다. 유능한 리더

                                          커리어 리부트

가 있어야 쓸 만한 후배들을 몰고 올 수 있었을 텐데 그런 면에서 iTV 보도국은 실패작이었다. 리더는 당연히 보도국장이 되어야 했지만 초창기부터 보도국장을 선임하는 데 애를 먹었고 장고 끝에 악수가 나왔다. 어렵게 모셔온 분은 오래동안 기다려 온 기자들의 기대에 미치지 못했다. 실망스러웠다는 것이 더 정확한 표현이겠다. 뒤를 이은 국장들 역시 마찬가지 였다. 인천 연수구에서 미사일의 오발사로 소동이 벌어진 적이 있었다. 꽝음이 일었고 많은 시민들이 놀라서 대피하는 소동이 벌어졌다. 바로 인근에서 났던 사고라 재빨리 화면도 확보하고 취재도 신속하게 마쳤다. 당연히 속보를 지시할 줄 알았다. 그런데 모 간부가 '시민들이 많이 놀랐을테니 따로 방송은 하지 말라'는 지시를 내렸다. 편집부에 있던 나로서는 이해가 안갔다. 편집부장도 이의를 제기하지 않아서 속보방송은 내보내지 못했다. 일간지 국제부기자 출신으로 오랫동안 현업을 떠나 있었던 그 간부는 보도에 대한 감이 흐려져 있었다. 제작PD가 보도국장으로 오기도 했다. 신망받는 보도국장을 영입하는데 잇따라 실패하면서 기자들도 구심점을 잃고 있었다. 그나마 기자들의 기대를 모았던 J부장이 개국 초 교통사고로 세상을 떠나는 불운까지 겪어야 했다. 빈자리가 컸으나 채우지 못했다. 원주MBC를 떠날 때 제일 가슴이 뛰었던 것 중 하나가 지방 소도시를 벗어난다는 것도 좋았지만 더 흥분됐던 것은 중앙 방송에서 봤던 스타급 선배들과 함께 그들의 취재 지시를 받으며 일하게 될 것이라는 기대감이었다. 그러나 iTV 시절, 존경스런 선배를 만나지 못했다. 리더가 없는 조직은 혼란스러움 자체였다. 방송사의 중심이 되어야 할 보도국이 리더가 없는 상태로 흘러가고 있었다. 회사는 방치했다. 선배다운 선배가 없는 보도국은 망가져 갔던 것이다. 훌륭한 리더가 없다면 그 조직은 미래를 보장할 수 없다. 어쩌면 빨리 다른 직장을 알아보는 것이 나을 지도 모른다.

반면 훌륭한 리더가 조직에 어떤 긍정적인 에너지를 주는 지 보여주는 사례도 있다. 고등학교 시절에는 영어 과목을 좋아했다. 그 이유 가운데 하나가 존경스런 교장선생님이 계셨기 때문이다. 충주고등학교에 입학했을 때 신학기에 맞춰 부임해 오신 유성종 선생님은 나를 비롯한 많은 청춘에 영향을 미쳤다. 동창들이 그분 영향으로 원대한 포부를 안고 사회인으로 성장하는데 밑거름이 됐고 지금도 5월 스승의 달이면 선생님을 찾아 뵙는 제자들이 있다. 2학년 때까지 2년이라는 짧은 기간동안 충주고의 교장으로 재직하셨지만 학교라는 작은 울타리를 넘어 충주라는 지역사회 전체에 큰 변화의 바람을 일으켰던 분이다.

충주고에 부임한 나는 학생들이 선발집단이라는 그것보다도 그들이 청순한 농촌출신자가 대부분이라는 데 주목하고 '눈을 뜨고 가슴을 열게 하면 될 것'이라는 아주 평범한 방법을 학교정책의 기조로 삼았다. 그래서 학생들의 눈높이를 높이어 최고 최선 최대를 지향케 하고 그 방법으로 당시의 인문고가 조회도, 체육도, 교련도, 음악도, 미술도 안 하고 오로지 문제집만 다룰 때 충주고는 조회를 빼놓지 않았고 연중 계속으로 다양한 특활 프로그램을 도입하여 인간을 폭넓게 교육하는 데 중점을 두었다. 그 특활은 철학, 수학, 과학 4과목에 6개의 외국어를 합하여 12개 과목을 탈교과 서로 연중 계속하는 교과특활로 철학, 종교, 문학, 예술의 춘추 공개강좌

커리어 리부트

와 국가경축일 계기의 초청강연과 동문명사 초청강연을 열었다. 지역문화 답사를 하고 명문대와 사관학교를 방문하고 산업단지를 시찰케 하였다. 지역문화제에 적극 참여하고 대원고와의 교환경기도 했다.

『청산아 내 말 좀 들어보게나』 유성종 자서전 중

그의 높은 교육철학과 실천은 지역사회에 큰 반향을 불러 일으켰다. 재학생들이 받았던 영향은 절대적이었고 문화적 충격은 컸다. 영어를 비롯해 독일어와 프랑스어 등 6개 외국어를 요일별로 특별수업을 들었던 점은 지금 생각해도 우리나라에서도 보기 드문 실험이었을 것이다. 더구나 시골 소도시에 스페인어를 가르쳐 줄 선생님을 어떻게 모셔올 수 있었는지, 당시로서는 획기적 도발에 가까운 사건이었다. 이 특활의 영향은 훗날 외국어에 대한 막연한 두려움이나 경계심을 허무는 데 큰 도움이 됐다. 2학년 때 수학여행도 기억에 남는다. 4월의 따뜻한 봄날, 꿈 많은 청춘들이 울산 중공업단지와 경주 유적지를 둘러보는 코스였다. 그런데 우리가 가는 곳마다 기상이변이 속출했다. 학교에 도착했을 때 "여러분이 4월의 눈보라를 몰고 다녔습니다. 역시 충고인입니다"라는 농담으로 유쾌하게 우리를 맞으셨다. 그는 무엇이든 하려는 의지만 있다면 언젠가는 성취하리라는 원대한 꿈을 갖게 해 주었던 훌륭한 리더였다. 인생에서 훌륭한 스승을 만난다는 것은 커다란 축복이다. 사회에 도움이 되는 재목으로 자라는 데 학창시절의 교육만큼 지대한 영향을 미치는 것은 없다. 학원·과외 같은 사교육이 없던 시절의 얘기다.

녹십자의 리더였던 고 허영섭 회장님의 리더십도 잊을 수 없다. 허 회장은 개성 출신 기업인들의 가장 큰 특징인 탄탄한 재무구조와 내실을 중시하는 특유의 경영방침을 바탕으로 제약기업 녹십자를 바이러스와 박테리아 분야 등에서 국제적인 생명공학 전문기업으로 성장시킨 장본인이다. 학창시절 공학도로서 과학자를 꿈꾸던 허 회장은 독일 유학시절, 선진국과 비교해 척박한 국내의 보건환경을 개선하기 위해 1970년 귀국 이래 평생을 국내 필수의약품 분야 개발에 몸바쳐왔다. 그 결과 수입에 의존하던 값비싼 의약품을 국산화하는 데 성공해 한국 제약산업을 반석 위에 올려놓는 커다란 공적을 남겼다. 세계에서 3번째로 개발한 B형 간염백신, 세계 최초로 개발한 유행성출혈열 백신, 세계에서 2번째로 개발한 수두백신 등은 불모지나 다름없던 국내 바이오의약품 수준을 세계적 수순으로 끌어 올리는 데 결정적 역할을 했던 것이다. 특히 '만들기 힘든, 그러나 꼭 있어야 할 특수의약품 개발'이라는 캐치프레이즈는 그의 기업가 정신을 그대로 잘 표현해 냈다는 평가를 받는 유명한 문구이다. 2009년 우리나라와 전 지구촌을 공포로 몰아넣었던 신종플루에 대한 백신을 공급한 것은 절대 지워지지 않을 그의 뛰어난 업적 가운데 하나다. 신종플루백신 개발과 공급은 우리나라가 백신자주국임을 다시 한번 확인시켜주는 계기가 됐다.

2004년 백신 사업자를 선정할 당시, 외국 자본과 합자형태를 추진할 수도 있었지만, 당시 허 회장은 "외국 자본을 받게 되면 쉽고 이득이 많겠지만, 대한민국의 백신주권은 수호하지 못한다"며 단호히 거절했던 것은 그의 탁월한 선견지명을 보여주는 사례이기도 하다. 허 회장은 또 환경이 좋은 외국에 연구소를 설립할 수도 있었지만 1983년 민간 연구재단인 '목암

생명공학연구소'를 설립해 우리나라 생명공학 연구의 기반을 조성하는 등 과학기술 발전에도 기여해왔다. 이 밖에도 선천성 유전질환인 혈우병으로 고통 받는 환자들에게 체계적이고 효율적인 치료와 재활이 이루어질 수 있도록 사회복지법인 '한국혈우재단'을 설립해 진료비 지원, 환자 조사 및 등록, 재활, 재단부설 병원운영 등 구체적인 지원사업을 통해 혈우병 환자들에게 실질적 도움을 주기도 했다. 경기도 개풍 출생으로 독일 아헨 공과대학을 졸업했다. 2002년 아헨공대 개교 이래 외국인으로서는 처음으로 '명예세너터(Ehren senator)'를 수여받았다. 독일 대학이 주는 가장 명예로운 칭호라고 한다. 한국제약협회 회장과 한독협회 회장, 전국경제인연합회 부회장, 한국산업기술진흥협회 회장 등을 역임했고 국민훈장 모란장과 과학기술훈장 창조장, 인촌상 등을 수상했다.

녹십자에 입사한 지 한 달쯤 지났을 때 비서실에서 연락이 왔다. 허 회장이 저녁식사에 초대하니 참석하라는 것이었다. 차장이나 부장 등 경력사원으로 입사한 중간간부급 직원들은 한 달 정도 지난 뒤 회장과 같이 식사를 하는 관례가 있었던 것이다. 허 회장은 경력으로 입사하신 분들이 녹십자라는 정체된 조직문화에 변화의 새바람을 일으켰으면 좋겠다는 바람을 밝혔다. 무언가 새로운 변화와 도약을 계획하고 있는 듯한 말씀이셨다. 나 역시 홍보팀장이라는 막중한 임무를 맡았으니 회사발전에 보탬이 되도록 노력하겠다고 말했다. 한 달 동안 생활하면서 느낀 점을 건의사항으로 몇 가지 말씀드렸다. 그중 하나로 사원들이 회장을 너무 어렵고 멀게만 느낀다고 말하고 좀 더 사원들과 긴밀해지는 기회를 가지는 것이 좋겠다는 말씀을 드렸다. 고개만 끄덕이신 채 별다른 확답은 없었다. 와인 잔이 충분히 오가는 저녁을 끝내고 회장을 배웅하러 내려왔다. 와인을 원샷으로 몇 잔을 마셨는지 모르겠다. 와인에 취해 보기는 처음이었다. 차에 오르시면서 일일이 악수를 하는데 나보다 더 허리를 숙여 당황했다. 얼마 뒤 회사 설립 이후 처음으로 전 직원이 회사 정원에 모여 간단한 안주와 함께 맥주를 즐기는 가든파티가 열렸다. 회장 이하 모든 임직원이 팀워크를 다지는 기회가 됐다. 내가 회장께 건의 올렸던 내용이 수용된 것인지도 모르겠다. 오너였지만 아주 검소했다. 난방비 절약을 위해 겨울이면 늘 두툼한 회색 스웨터를 입고 다녔다. 두 겹의 티슈도 반으로 나눠 썼고 불필요한 전등은 소등을 해 회장실이 어두컴컴했다. 송도 상인, 즉 송상이라는 개성 상인의 후예로 근검절약이 몸에 밴 것이기도 했지만 1960년대 독일 유학시절을 겪으며 그들에게서 배운 검소함도 영향이 미쳤을 것이다. 서너 사람이 모여야 성냥불을 켰다는 독일인들의 검소함은 어려서부터 익히 들었던 애기인데 그 나라에서 젊은 유학생 시절을 보냈으니 어련했으랴. 한독협회장을 맡아서 두 나라 간 친선가교의 역할도 했다. 한독협회 행사 때 유창한 독일어 연설을 들을 수 있었다. 상위 제약사 오너 가운데 인품이 높았고 업계에서도 존경을 받았다. 못마땅한 정책이 있으면 비판의 목소리를 냈다. 주5일 근무가 시행되자 토요일을 쉬는 것이 우리 현실에 맞지 않다고 생각하셨던 분이다. 선진국 흉내만 내고 있다는 불만이었다. 녹십자 직원이 요트를 탈 정도의 여가는 즐길 수 있어야 진정한 선진국이라고 했다. 그러나 안타깝게도 2009년 숙환으로 타계했다. 향년 69세였다. 그의 소원은 백신보국으로 대한민국을 신종플루의 안전지대로 만들어 놓는 것이었다.

                                        커리어 리부트

시몬 보부아르는 그의 저서 『노년』에서 노인이란 "살아온 긴 생을 뒤로 갖고 있으며 앞으로 살아갈 삶의 희망이 매우 한정된 인간이다."라고 했다. 59년을 살았으니 그의 말대로라면 삶의 희망은 이제 바닥을 보이고 있다. 그런데 완전히 바닥을 드러낸 게 아닌 것이 또 문제다. 그럼 뭐든 해야 한다. 나 같은 고민을 안고 있는, 은퇴했거나 곧 은퇴할 예정자가 1964년생부터 1971년생까지 700만 명이다. 나와 같은 해에 태어난 출생자는 103만 명이고 이 가운데 79만 명이 살아 있다. 고용노동부나 지방정부에서 이들 신중년 대상의 인력양성프로그램을 통해 새로운 성장동력을 찾아보려 하지만 쉽지 않다. 동영상 콘텐츠를 제작해 플랫폼에 올려 수익을 창출하는 것으로 많이 몰리지만 완전히 새롭거나 자극적인 소재가 아니면 살아남기 힘든 판이 돼버렸다. 여러 직업을 전전했지만 출발이 방송이었던 탓에 방송 진행에 대한 미련이 큰 편이다. 방송을 하게 될 가능성을 염두에 두고 자기관리를 해왔다. 그러다 보니 패션처럼 대한민국 중년남성들이 소홀했던 분야에 관심을 갖게 되었다. 머리숱은 듬성해지고 주름은 깊어지는데 남산

만한 배를 앞으로 내밀고 1년 내내 아웃도어 룩이 일상복인 중년 남성들에게 새로운 멋과 트렌드를 제시해 보고 싶은 욕심이 생겼다. 어떤 사업으로 구체화할지는 아직 정하지 못했다. '넥스트 클래식, Life 2.0'을 만들어볼까 한다. 클래식은 시대가 바뀌어도 변하지 않는 가치이다. 현역으로 살아온 게 1.0이었다면 2.0은 새 판을 짜야 할 것이다. 은퇴 이후에 구체화될 것 같다. 은퇴하기에, 사회통념상 쓸모가 적어진 인간으로 분류되기에는 60이라는 나이는 억울한 측면이 있다. 지금도 1년 뒤를 생각하면 막막하다. 비슷한 처지의 지인은 이 같은 고민 때문에 밤잠을 이루지 못한다고 했다. 통장에 월급이 들어오지 않고 아침에 집을 나서도 갈 곳이 없다는 것은 생각만 해도 끔찍하다. 경제적인 것과 사회활동 측면에서 답을 찾아야 한다. 군산을 떠나 충주로 옮겨갈 듯하다. 12년을 보내며 정든 곳이지만 선택지가 별로 없다. 더구나 연로하신 부모님이 충주에 계신다.

본가 근처 구도심의 낙후는 해가 갈수록 악화 일로다. 구도심을 벗어난 곳에 대규모 택지를 개발해서 혁신도시나 기업도시가 만들어졌다. 상권이 수시로 이동한다. 신규 아파트단지가 들어서면 새로운 핫플레이스가 된다. 각종 포털이나 인스타그램 등에 맛집이나 카페가 소개되면 젊은이들이 몰리고 상권이 뜬다. 1960~1970년대부터 형성된 구도심은 시세를 반영하지 않은 비싼 땅값으로 인해 재개발에 엄두를 내지 못한다. 여기에 오프라인 상가는 온라인에 밀려 소멸되어 가고 있다. 시계를 1980년대로 돌려놓은 듯 멈춰있는 구도심은 공동화 현상이 심화되고 있다. 주말의 초저녁 시간대에도 어두운 상가 앞으로 지나가는 행인이 드물다. 청년층 대신 노인들뿐이다. 죽은 도시처럼 느껴진다. 도시를 살려보고 싶다. Life2.0의 아이템

커리어 리부트

은 1년 뒤쯤 모습을 드러낼 것이다.